一本の道

小林勇 著

張偉齡 袁勇 譯

小林勇

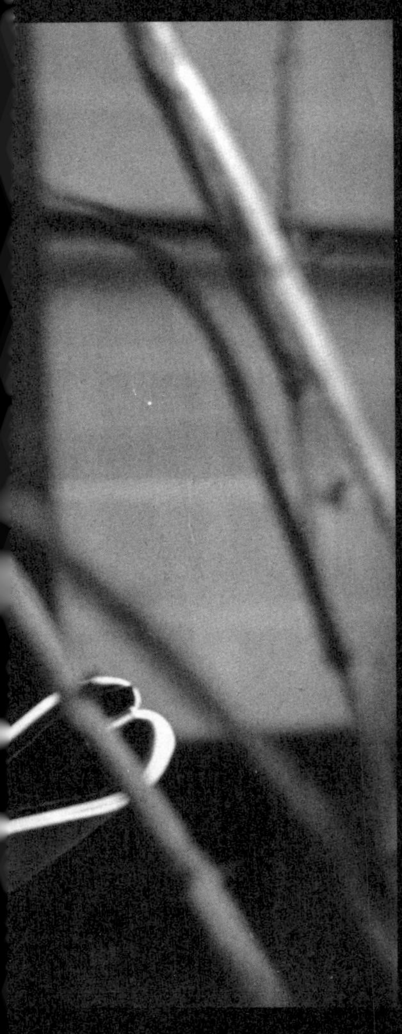

一九六三年 攝：朝日新聞社

千九百二十二年三月二十七日。

小林勇満十九歳（岩波書店時代）

自分は十九年前の今日、生まれた。
そして十九年此の世の中に生きて来た。
また、幾回も三月二十七日は廻って来る。
恐らく自分の五十回の誕生日には、
世界の人間が熱狂してお祝をするだろう。
五十年でまだ、野郎共の眼が
覚めぬならば、百年たてば
今度、三月二十七日には、お祝をしなければならないだろう。
かくて、三月二十七日は永遠にめぐって来る。
そして此の日は、人類の續く限り。
祝はずにはゐられない日になるだろう。
まず自分は今一人で此の自分の誕生日を祝す。

一九三二年

攝：長野重一

一九六七年

浮世寄一夢

陸游　辛酉九月彼岸　[illegible]

序——父親與中國

小松美沙子

一九八一年十一月二十一日，在一個風和日麗的秋天早晨，電話響起，傳來了父親的死訊。父親躺在病床上，他的面容很美，很偉大。我在送給吊唁者的回禮上寫道：「父親愛人生、愛酒、愛畫。」

我認為，這七十八年的生涯，父親是誠實地、努力地走過了。父親生長於農村，十七歲時在偶然下進入了岩波書店工作。他雖然沒有很高的學歷，但在跟不同範疇的優秀學者、藝術家們的交流之中，得到信用、得到愛護，跟他們很多都超越了作者和編輯之間的關係，而是人與人之間一種緊密的連結。

從年輕時就喜歡寫作的父親，寫下並出版了很多有關前輩先生們的回憶。這些隨筆，在父親身故後結集成了十一卷《小林勇文集》。當中，《遠遠的腳步聲》獲得了第四屆日本隨筆作家協會獎。

少年時領略到藝術之美的父親，三十九歲時開始畫畫，終其一生都持續著水墨畫的練習。繪畫對父親來說，不單是一種興趣，而是「一個人最重要的修煉之路」、是「照出自己心靈的一面鏡」。

繪畫和書法，父親都是自學的。他勤於練習寫生，以自然和先導為師，特別熱心於中國和日本的文人畫。他也喜歡中國的詩，對陶淵明、陸游、杜甫、李白等的不少詩句都讚不絕口。

年近六十時開始的書法，他也是拿幸田露伴老師所贈的中國拓本來練習的。顏真卿的「元結墓碑」，他寫了不知幾十次，也每天練習蘇東坡、黃庭堅、懷素等人的字。父親一生中唯一去過的海外旅行就是中國，從一九四四年八月到十二月，在北京、上海等地住過。

父親待了接近五十年的岩波書店，於二〇一三年迎來了創業一百周年紀念。創業者岩波茂雄，亦即我的外祖父，一直感念中國自古給日本帶來的恩惠，遂於一九三七年，決定把自己傾注了畢生心力而成的出版物，向中國的大學寄贈一套，可惜受戰禍影響，無法實行。戰後，岩波書店繼承了外祖父的遺志，從一九四七年起，把書店的全部出版物寄贈予中國的五所大學，並一直持續下來。

由此可見，無論是作為岩波書店的一員，還是作為個人，父親與中國都有深厚的關係。今日能得到中國的三聯書店把父親的自傳翻譯成中文版，實在非常感激，如果這本書能夠為中日友好略盡綿力，就是我們最大的欣慰。

父親過世前兩個月，曾經寫了一張「浮世寄一夢」的大字書法，是陸游詩句的一部分。父親曾經説過：「如果不是大家都得到幸福，那就不是真正的幸福。」那麼，父親在人生的最後所看到的，又是甚麼夢呢？

目次

序　020

第一章　在故鄉　026

第二章　進入岩波書店　058

第三章　關東大地震　074

第四章　一日元書和岩波文庫　104

第五章　鐵塔書院時期　130

第六章　日中戰爭　162

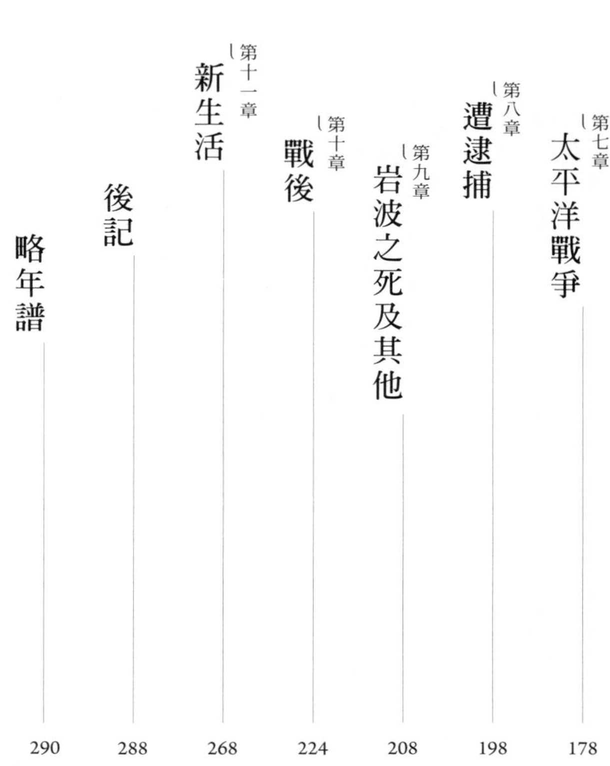

第七章 太平洋戰爭 178

第八章 遭逮捕 198

第九章 岩波之死及其他 208

第十章 戰後 224

第十一章 新生活 268

後記 288

略年譜 290

第一章
在故鄉

1

芥川龍之介[1]在《齋藤茂吉》一文中這樣寫道：「我還是高中生的時候偶然間讀到了《赤光》的初版。《赤光》在我面前逐漸展示出一個全新的世界。我對詩歌的見解並不是跟別人學的，而是受到了齋藤茂吉[2]的啓發。茂吉不僅影響了我對詩歌的看法，也影響著我對各種文藝形式美的看法。」在這篇文章的結尾，芥川首次引用了茂吉的短歌。那是被收錄在短歌集《璞》裏的系列短歌《一條路》中的三首：「被秋天火紅的太陽照亮的一條路延伸至遠方。這是我生活的道路、是我的生命。」「有一條充滿光輝的道路，但它很遙遠，狂風在那裏呼嘯。」「看看荒野中那條光輝的道路，也許會在此失去生命。」芥川還寫道：「梵高的太陽多次照亮了日本畫家的畫布，但卻沒有像茂吉的系列短歌《一條路》那樣每次都描繪出如此深刻的景象。」

---

1 芥川龍之介（一八九二—一九二七），日本小說家。代表作有《羅生門》、《蜘蛛之絲》、《竹林中》等。

2 齋藤茂吉（一八八二—一九五三），日本短歌詩人。代表歌集《赤光》。

「火紅的太陽照亮的一條路」，它不僅震撼了芥川龍之介，也震撼了許多日本年輕人的心靈。當然，每個人對它的接受方式和共鳴程度各有不同，但我想這也正是這句短歌的精華所在。我已經記不清是什麼時候看到這句短歌的了，但肯定是在年輕的時候。從那以後，每當想到茂吉的時候，我就想起這句短歌，經常開口吟唱。

芥川龍之介在大正十三（一九二四）年七月發表了《齋藤茂吉》這篇文章，僅僅三年後，也就是昭和二（一九二七）年芥川就自殺了。芥川當時是以一種什麼樣的心境寫下這篇文章，大家可以自由發揮想像。我認識芥川是在他自殺那年的春天。當時芥川住在鵠沼的東屋，人很消瘦，被神經痛折磨得苦不堪言。我是為了《岩波文庫》的事情去拜訪的，談完正事後，我們又閒聊了一會兒。談話中我們提到了前一年去世的島木赤彥。我對島木的去世感到惋惜，而芥川則説，島木也活了五十多年了，工作也小有成就，死了也值了。我對兩人意見的分歧感到不滿，芥川沒能接受我説的話。芥川死後，我才讀了他寫的《齋藤茂吉》，似乎有一點理解了他在文章中引用《一條路》短歌時的心境。

茂吉在《作歌四十年》一文中提到「火紅的太陽照亮的一條路」時寫道：「我把一條路穿過秋天的土地，被太陽照亮的情景用『火紅』這個詞來描繪。這條路歸根結底是自己的生命本身，是很主觀的東西。」茂吉還寫道：「這首短歌被別人當成是我的信念或者格言，但其實這並不是那樣一種概念性的短歌。」

我寫文章的時候首先要決定題目，題目決定不了我就無從下筆。在決定這本書的書名時，我想到的是茂吉的短歌，因為我很喜歡這首短歌的韻味。當然這麼做難免會有人指責我臉皮厚借用茂吉的短歌。但是，對我來說，已經不可能再改成別的題目了。

我的祖母是五十年前去世的，當時八十二歲。祖母在我十二、三歲的時候讓我寫下她自己創作的幾首短歌，並放進了事先準備好的褡褳裏。其中有一首短歌的意思是：路口明明立著此路不能通行的指示牌，可是卻有人視而不見選錯路，可謂愚蠢。祖母不止一次地對年少的我這樣說過。所以，這首短歌在我選擇標題時也出現我的腦海裏。

我出生在信州伊那的赤穗村。赤穗現在已經變成了駒根市。我的家靠山，離小學校不遠。雖然在那裏長大，但是我已經想不起最初的記憶是什麼了，只是有一個很模糊的兒時記憶。

我的家庭在當時是一個很普通的農民家庭，不過比周圍的農家要稍大一些，由於經常打掃，所以井井有條很漂亮。我們家有十一口人，祖母、父母、四個哥哥、一個姐姐、一個妹妹，我在男孩中排行老五。此外，還有一個表妹在一起生活。最大的姐姐已經出嫁了。在這個大家庭裏除妹妹外我是最小的。農家的廚房一般很大，做飯和燒火的地方都在一起。

寬敞的土間[3]對面是馬廄和浴室。馬是養在家裏的。除了夏天，家人們大多都聚集在火爐旁，毫不吝惜地往火爐裏添加柴火，吊鈎上掛著大鐵鍋，裏面煮著蔬菜。時至今日，每當我想到故鄉的時候，都會想起家裏的火爐。父母、祖母、兄弟姐妹們都圍坐在火爐旁喝著茶，吃著醬菜。吃飯的時候，我們會離開火爐，圍坐成「コ」字型擺放菜餚，母親一個人坐在內側，忙前忙後地照料。雖然吃飯時不允許過多説話，但那場景仍然很熱鬧。

在這樣的大家庭中成長我覺得是件很幸福的事。家中除了妹妹外都比我大，大家都很疼愛我。不過在我的記憶中，由於任性或做了錯事而挨揍的記憶好像更多一點。儘管如此，我仍認為生長在這樣的家庭裏很幸福。不過有這樣的想法也是在我長大成人、上了歲數之後。不用説，那是因為我較早地體驗了社會生活，使我有機會很自然地認識到世上有各種年齡段的人，每個人的想法也各不相同。

父親在家裏很有權威，但是他也必須要悉心照顧祖母。祖母特別疼愛我，我記得我被父親責罵和挨打時，好幾次都是祖母「救」我的。現在想起來，被人愛的這種感覺真的給了我很多的溫暖和勇氣。

我是在母親三十五歲時出生的，小時候體弱多病。每當我生病的時候，母親都讓我睡在裏屋。那間屋子裏放著母親空閒時用來織布的織布機，經常坐在那裏發出「嗵、嗵」的，單調卻又動聽的聲音。聽著那個聲音，不知不覺我就睡著了。冬日的下午，竹子的影子在拉門上搖曳。這好像是我兒時最初的美好回憶。

2

現在我偶爾回故鄉，與兒時的記憶相比，故鄉的山川已經發生了很大變化。我真的希望故鄉的山山水水不會變化，但事實並非如此。山巒被破壞和傷害，改變了容貌，河流被混凝土包圍，河水變得渾濁，失去了往日的美麗。生活在這裏的脆弱的人們更不可能獨善其身。由於農業的形態和農民的意識、生活發生了變化，人們的家庭結構也隨之發生了變化。我家人很多，小時候父母歲數還不大，所以家裏總是充滿活力。我們家有些水田和大

---

3 日本建築中，傳統家居的空間會分為高於地面的高架式地板，和與地面同高的「土間」兩部分。在以前的社會，土間是農户的工作場所，有些也兼作廚房，所以面積相當大，而且不用脱鞋；到了現代，則縮小成連接室外和室內的玄關，作為脱鞋進屋的過渡空間。

片桑田，足夠把吃剩的餘糧賣掉，用來貼補稅金和各種開銷。我們家還有自己的山林，從來不缺柴火，一年到頭都可以燒火爐。不過，家裏最重要的生活來源還是養蠶。

我童年時代的很多回憶都與這樣的農村生活有關。小時候我從沒幹過農活，但是家裏人耕作的樣子，還有他們訓斥我別給大人添亂的情景，至今仍記憶猶新。到田裏幹農活的主要是哥哥們，父親不太下田幹活，經常出門。母親和祖母還有姐姐留在家裏。我和我上面的那個哥哥都是在天快黑時玩累了才回家，而在田裏幹活的人們還沒回來。夏天的傍晚，為了先讓我們墊墊肚子，祖母會從田裏摘來玉米烤給我們吃。

家裏的蔬菜和水果都是自給自足，養蠶的數量則大致由家裏桑田的面積決定。不過，如果買桑葉養蠶也賺錢的話，我們會直接從外面買桑葉回來。如果人手夠、有地方的話，這樣做還是比較划算的。我們家地方大、人手也多，所以一般都這麼做。在我的故鄉，不下雪的時候，很多農戶都是邊幹農活邊養蠶來維持生計。

當時，栽種水稻還遠不如現在機械化。完全靠兩隻手，所以勞動量非常大。一到春天，人們很早就開始下田幹活了。翻地是很有效的做法，需要一點一點把土翻起來。有馬匹的農戶可以進行馬耕，讓馬拉著鋤頭翻地。然後就是塗田埂，平整水田，從事先準備好的秧田裏取出秧苗開始插秧。從早到晚都忙於此，累得精疲力盡，上床就睡著。

插完了秧，就開始忙著養蠶。蠶一年可以養三次，插秧時節養的蠶叫春蠶，養殖的數量比之後的夏蠶和秋蠶要多很多。剛開始養殖幼蠶時，光靠女人還能忙過來，不過到了最盛期，也就是最後十天左右，即便全家總動員都還缺人手，不得不僱人幫忙。當時養蠶技術還不是很先進，人們需要花費很多心血，用廢寢忘食來形容都不為過。而且，由於當時人們還沒有掌握良好的養殖技術，所以家裏的蠶有時候搞不好會全軍覆沒。

蠶「佔領」了人們的屋子，人們只能睡在養蠶架之間和走廊上。

為了生活，人們不得不如此辛勞去賺錢。雖然這樣的勞作短時間內會有可觀收入，但這並沒有把勞動力、生產資源等成本算進去。即使是現在，農戶的人力費也幾乎不算進生產成本，這在過去更是被忽略為零。農戶好不容易收穫的蠶繭，又被諏訪的製絲廠手下的供貨商吹毛求疵，收購價被壓得很低。儘管這樣，農戶也不能把蠶繭放在家裏，只好忍痛賣掉。現在的農戶房子大多數是新建的，我聽說很多農戶嫌在漂亮的屋子裏養蠶很髒，便不願意從事養蠶業。但我不相信僅僅是因為這個原因導致信州養蠶數量的減少。可能還與勞動力和利潤不成正比有關係吧。不過，比起化纖製品來說，最近很多人更喜歡棉製品，相信絲織品一定會再度受到歡迎。

在我對養蠶的記憶中，總會出現母親和祖母的身影。收穫的蠶繭中有些個頭兒比其他稍大一些，是由兩隻蠶共同吐絲結成的，裏面有兩隻蠶蛹，個頭雖大，但比那些一隻蠶結出的繭粗糙且堅硬，缺乏光澤。這些蠶繭叫「雙宮繭」，價值相對較低。每次收穫蠶繭後，家裏會把那些雙宮繭剔出來另行處理。為了防止裏面的蠶蛹變成蠶蛾，一般採用乾燥法殺死幼蟲進行保存。待稍有空閒時，母親和姐姐會把那些蠶繭放入鍋中煮軟，再用稻穗做的笤帚從蠶繭中抽絲。由於是兩隻蠶共同吐出來的絲，所以是兩根擰成一根的。抽出來的絲會被繞在線框上，這些絲比普通的蠶絲粗硬，還經常有一些節。母親織布時用的就是這些絲。雙宮繭通常繅不成生絲，而是用來做絲棉。

除了雙宮繭外，還經常會出現一些廢繭。這些繭也需要單獨放置，進行水煮處理。繭皮繅不成生絲，一般會拉寬用來做絲棉，或者先做成棉團再從中抽絲。不過恐怕現在不會有人再採用這麼費時費力的工序了吧！

種水稻也是一件很辛苦的事。春天水還很冷的時候就要耕田插秧。到了盛夏，在炎炎酷暑中要整田除草，早晚還要去田裏看看水量的變化。秋天收穫時也很辛苦，收割後脱粒、礱穀，一直要忙到很晚。對已經習慣了今天機械化農業生產的人們來説，過去的農戶生活之艱辛是難以想像的。

到了冬天，祖母在溫暖的陽光下織布，從事著單調卻又需要毅力的工作。祖母使用的紡車與印度聖雄甘地的紡車一樣。我坐在一旁，纏著她給我講故事。有些故事反覆聽了很多遍，由於祖母忙於織布，有點兒心不在焉，我經常提醒她有的地方講錯了。

儘管當時我家並不算很窮，但我從小也沒有玩過玩具。不僅是我，其他家庭的孩子們也都沒有玩具，而是在大自然中玩耍，泥土、草木、昆蟲等等都是我們的玩具。

3

我的生日是明治三十六（一九〇三）年三月二十七日，然而有一天母親給我看了一個小紙包，說裏面是我出生時剪下的臍帶，只見那紙包上寫著「男孩，生於明治三十六年四月一日」。家裏出生於這一年的只有我一個，所以這一定是我的。當然，包起我臍帶的時候我還沒有名字。原來，我的戶口雖然是在四月一日出生後才申報的，不過生日卻被改早了幾天。不知道當時家裏人為什麼這麼做，我想也許是因為小學的學期是到三月末結束，家裏人不想僅僅因為差五天就讓我晚上一年學吧！

母親讓我看臍帶的時候，我的感覺有點怪。自己之前一直記著的生日竟是虛假的。從此以後，每當我需要填寫自己生日的時候總有一種人生無常的感覺。

由於生日被改早了幾天，我虛歲七歲時便進入了小學。上學那天的情景我至今記憶猶新，是二哥正領我去學校的。他當時已經高小畢業，與大哥一起在家從事家務。小學離家大概有六七百米的距離，當時的村長是一個熱心於教育的人，所以學校蓋得比較大。

小學新生們被父親和兄長領著，陸陸續續地聚集到自己以後上課的教室。二哥在教室裏找到了寫有小林勇名卡的課桌，便讓我坐在了那裏。突然，他發出了驚訝的聲音，原來在兩人一張的課桌的另一邊寫著二哥的名字小林正。沒一會兒，一個與二哥同名同姓的一年級新生來到了這張課桌，與我並排坐了下來。

那之後的校園生活我現在基本記不清了。只記得當時我每天是和上面的那個哥哥忠雄一起上學的，不過我好像不太喜歡學校。有一天早上，我不高興，故意磨蹭不去。由於上學的時間快到，忠雄哥哥便不等我自己走了。我就撒潑，任性地哭個不停。母親和姐姐也拿我沒辦法。我哭鬧的地方是家裏的後院，在正房和倉庫之間，有一口井，後門旁邊有一個大醬儲備倉。父親不知道從哪兒出來的，臉上的表情令人可怕，突然給了我一拳，差點把我打飛了。母親和姐姐見狀替我向父親道了歉。就這樣，我充滿著對不去上學會有什麼後果的恐懼，一邊哭一邊被姐姐拉著向學校走去。

我們村有電燈好像是進入大正（一九一二—一九二五）年間的事。關於裝電燈的做法，村民們的意見發生了對立，情緒激昂的群眾燒毀了少數聽從電力公司意見安裝了電燈的農戶房屋。這宗事件以騷擾案的名義被起訴，村裏很多人陷入了長期的官司當中。就因為此，我小時候附近的幾個村鎮都裝了電燈，只有我們赤穗村沒有。

父親是個很講究的人，要求裏裏外外必須井然有序，所以家裏的事一直都是父親在「指揮」。交給我和哥哥的固定任務則是清潔油燈和打掃土間。

土間很寬敞，沒有天花板，能夠看到高處粗大的房樑構架。土間裏擺放著全家人的鞋子，還有很多臨時存放的東西。靠近火爐的地方有一個裝木柴的大箱子，火爐上方並排著兩口鍋灶。土間的角落裏還有一個用來在冬天儲存蔬菜的洞，叫做「室」，外面用很厚的木板遮蓋。不知什麼時候，馬匹被從土間遷到了外面新蓋的馬廄裏，原來的地方又成了新的房間。打掃這樣的土間對小孩子來說並不是件輕鬆的事，我和哥哥一般都是輪流清潔油燈和土間。打掃土間時，需要搬動裏面的每件東西，清掃下面積攢的灰塵，然後再正確地恢復到原來的位置和形狀。如果稍有敷衍很快就會被父親發現，讓我們重新打掃。

每天清潔油燈對我們孩子來說也是很重的負擔。家裏一共有十來盞油燈，每天晚上要用的有五、六盞。我們要給這五、六盞油燈加入煤油，並擦去所有的污漬使其煥然一新。油燈滿是煤油味，很容易弄髒，燈罩如果不每天擦乾淨的話，亮度就會減弱。我們會在棍子的前端裏上布，並向燈罩的玻璃裏哈氣來擦拭燈罩內側。燈芯燒得已經變圓了，所以要把它擰尖擰齊。如果燈芯不齊的話，火焰的形狀就不好，容易產生黑色的油煙，燈罩很快就會被薰黑。我們曾經這樣粗心過，結果被父親不容分說地批評了一頓，油燈也立刻被換成新的。當然，第二天的勞動量也會隨之增加。

讓小學低年級的孩子做這樣的工作似乎有點不合理。不過，相比今天我們從小就對孩子進行的鋼琴、小提琴等微妙而又複雜的幼兒教育來說，也許並不算什麼了。而且，我不認為打掃屋子是件很辛苦的事，只是有點捨不得結束與小夥伴們的玩耍回家。現在回想起來，兒時嚴格的家教使我人生受益匪淺。

小學三年級的時候，日本的年號由明治改成了大正（一九一二）。明治天皇的葬禮是在晚上舉行的。那一天學校放假，組織學生參加晚上舉行的遙拜儀式。當時我和小夥伴們去山上玩耍，傍晚才回到家。遙拜儀式馬上就要開始了。我被父親嚴厲地訓斥了一頓，急急忙忙地吃了口飯，便穿上帶有家徽的和服外罩，沿著黑暗的小道趕去學校。那天晚上在學校寬敞的場地上，不光有學生，還聚集了村子裏的人。我至今都難以忘記當時那不可思議的靜寂。

我們兄弟有八個人，恐怕誰都沒有過被父親疼愛的記憶。父親是戰後去世的，享年九十歲。他去世後，有一次我曾問過母親，兄弟姐妹當中父親最疼愛誰？聽了此話，母親的表情略顯奇怪，隨即說道：「應該是你吧！」我很吃驚，不過心裏很快便湧出了一種幸福的溫暖。

我記得有一天家裏突然有客人來訪，天色已晚，已經是黃昏了。父親讓我去鎮上買酒。當時哥哥們也在，可卻吩咐了最小的我去。父親的話是絕對的命令，不可抗拒，於是我提著燈籠和酒壺，飛一般地趕往三公里之外的鎮上。途中路過一片森林，平時大人們都嚇唬我們說那片林子裏有一個叫洗小豆的妖怪，不知從哪裏會傳來洗小豆的聲音。森林的對面還有一片墳地。酒館裏的大叔喝醉了，從酒桶裏倒了碗酒，對我說：「孩子，喝！」

自從聽母親說父親最疼愛我之後，每當想起小時候父親對我嚴厲的管教和讓我去做的事情，我都充滿了感激。

4

小時候，因為我總是和比我大的人在一起，總覺得和比自己小和弱的孩子在一起沒什麼意思，不願跟他們玩。在我記憶中好像也從沒和妹妹玩耍過。上學後我也是和強壯的孩子在一起玩，經常和高年級的學生頂嘴吵架。對方如果很橫的話，有時我還免不了挨幾下揍，不過我這個毛病一直沒改，也記不清是幾年級的時候變成這樣的了。我上面的那個哥哥忠雄比我大三歲，高兩個年級，他學習很好，是一個不太喜歡吵鬧的安靜的孩子。我總是和他抬槓爭吵，而且總佔便宜。可是大人們卻說忠雄比你大，讓讓他吧，令我十分委屈。後來，忠雄哥哥曾經說，他在學校聽說有人吵架，很多人跑去圍觀，就猜恐怕又是我，過去一看還真如此。

祖母是一個很聰慧的女性。我十歲的時候，祖母已經七十五歲了。她在家裏什麼都做，曾經為我們做過布襪。這種布襪需用襪帶繫牢，現在在一些戲劇中還能看到演員在穿，一般人都已經不穿了。朋友們穿的都是有襪扣的布襪，我覺得難為情，就不再穿祖母為我做的布襪。信州的冬天十分寒冷，結果腳上都皸裂了。

有一次我的木屐被偷了。一氣之下，這之後我便光著腳去上學了。當然，這可不是在冬天的事情。放學回到家後，家裏人都讓我把腳洗乾淨再進屋。不過我嫌麻煩，基本上都沒那麼做。

不知是幾歲的時候，我還踩過高蹺上學。

那時候的小學生都只是在學校裏學習，放學後要麼玩，要麼做家務。我在學校的成績不錯，家裏人也沒管我，所以我從沒在家複習和預習過功課。

在我的記憶中，小時候基本沒在家裏玩過，都是在外面玩耍。我釣魚的技術比哥哥和朋友們都高。現在城市裏的河流都成了被混凝土圍成的導水管，但我小時候家鄉有很多小河，彎彎曲曲，在田野中流過。每條小河裏都有很多魚，不過釣魚時可不能和朋友們打打鬧鬧，而是要在安靜的地方一個人去慢慢品味釣魚給自己帶來的清寂和內心的強大，這種感覺是很純潔的。

水量豐富的河流還有很多支流，流向周圍的田地。如果堵住每條支流的分岔處，支流就會乾涸，進而影響水稻的生長，因此這是被嚴令禁止的。可越是禁止，孩子們越想去做。因為強行堵住分岔處，往往能抓到很多魚。我們叫這個做「乾河」，一般都是在夏天的中午趁著大人們回家吃飯和午睡的時候去，是一種十分刺激也很快樂的遊戲。

到了秋天九月中旬，要舉行祭祀氏族神的儀式，燃放很多煙花。對農民來說，這是一年中最快樂的活動。這時候養蠶已經結束，稻米的收成也基本有了眉目。那時候燃放的是打向天空的禮花彈，由專業的禮花師製作。每當此時，孩子們也興高采烈地自己製作火藥玩。我們從藥店買來硫磺和硝石，再從家裏拾來燒過的木炭。按照少許硫磺、木炭，較多硝石的比例，來調節火藥的威力。比如，把硫磺、硝石、木炭按二：九：一的比例做出來的火藥，我們叫它「一號」，這種比例調製出來的火藥威力較強。我們將這三樣東西放到擂鉢裏充分碾碎混合，再把做好的火藥倒進竹筒，用木棒使勁壓實。當火藥裝滿竹筒時蓋上蓋，在竹筒底部的中間用錐子鑽一個孔，塞進一個用紙包著火藥的細長引信。我們還用很細的竹子做了一個「尾巴」，牢牢地綁在竹筒上。接著把帶有引信的一端沖下，「尾巴」當然也垂下來，然後把整個竹筒掛在竹柵欄上，點著引信。火藥點燃後，借助從竹筒裏噴射出來的威力，整個竹筒和「尾巴」帶著火花飛向天空。這個原理與發射火箭是一樣的。我想現在應該不會有孩子去玩這種叫做「流星」的危險遊戲了吧！

我在昭和三十五（一九六〇）年出版了一本名叫《小閒》的書，裏面收集了我的一百多篇文章，每篇文章的篇幅約一千字左右。其中有一篇題為《羞恥》的文章，記述的是我童年時代一件十分悔恨的往事。

文章寫道：「二戰時，每當糧食減少，兩個年幼的孩子在吃飯時關係總是不好。家裏的糧食雖然不至於餓肚子，但也很難有飽腹感，所以兩個孩子都懷疑分給對方的食物比自己多。我就對妻子說，為了孩子們，不管是什麼，盡量多做一些，裝滿盤子再端到桌上。後來，孩子們多少得到了些滿足。不過，在戰爭這個大風暴當中，一個家庭的小小努力是很有限的，就連吃飽飯這樣的問題都解決不了。孩子們最終還是去了信州的農村，得以茁壯成長。

「我生長在一個十一人的大家庭裏。一天晚上家裏吃雞肉火鍋，因為人很多，我們便在火爐上架起一口鍋，將雞肉和蔬菜一起煮。面對美食我非常興奮，然而父親卻滿臉愁容地對我說：『好吃的東西誰都想吃，你也要為別人著想。』聽了父親的話，我一下子悶了，吃不下飯。哥哥們似乎以為我被父親責罵在鬧脾氣。母親安慰我說：『來吧，快來吃！』聽到母親的話，我哭了起來。這件事很長時間內都在折磨著我。小學時的我很調皮，總是自以為了不起，從不服輸。對我來説，任何事都要爭個勝負。現在看來，這正是一個脆弱而又神經質的少年所背負的不幸。

「我的家鄉伊那谷，東邊是南日本阿爾卑斯山脈、西邊是中央阿爾卑斯山脈。每到春天和秋天，老師都會帶我們去一個叫高烏谷的山上遠足。到了秋天，山上滿是紅葉。雖然是座小山，但站在山頂看到的景色卻很美。我們的村子盡收眼底。山的一側被短草覆蓋，我們把松枝鋪在屁股下，順著斜坡滑著玩。這時候，有一個小夥伴從上面跑下來，由於慣性止不住，瞬間就像一顆子彈似的跑了下去。朋友們見到此景十分害怕，沖他喊：『快抓住樹！』於是他一邊跑一邊去努力抓身旁的樹枝，結果卻頭朝下摔倒，跌向了谷底。很多同學和老師都在後面追，而我那個時候卻一個人向安全的山頂爬去。不久後，老師背著受傷的朋友回來了。

「我的一生中有一些令我羞愧的回憶，時常在我意想不到的時候出現在腦海裏，折磨著我。上面的兩件事就是如此。我深切地感受到，肉體的痛苦過後可以忘記，然而銘刻在心裏的東西卻是無法忘懷的。」

5

小學五年級的時候，班主任老師換了個人。新的班主任叫小松傳一郎，個子不高，有點胖，但卻給人感覺充滿活力。小松老師給我們上完第一堂課後，有十五分鐘的休息時間，我在校園裏玩耍，小松老師正好也走在校園裏。他看見我後說：「你是我的學生吧，幫我拿一下」，說著便要把手裏的教科書和筆記本遞給我。我說不願意，便跑開了。

很快，小松老師的第二堂課開始了。他一走進教室便指著我，問為什麼不聽他的話。我回答說，因為在休息時間讓我拿那些東西的話，我就玩不了了。老師只說了聲「是嗎」便沒再說別的。

小松老師後來在小學裏又教了我四年，我受到了很多影響。臨近冬天時，老師自己買了幾個水桶，讓我們帶毛巾到學校。早上上課前，老師讓我們用冷水擦身，還讓我們練習當時很流行的岡田式腹式呼吸法。練習這種呼吸法時，丹田必須用力。我非常佩服小松老師，但也很叛逆，經常搞一些惡作劇為難老師。有一天，為了進行野外授課，學校組織我們到附近遠足，我便和十個左右的小夥伴趁著小松老師不注意逃跑了。我們來到太田切的河邊游泳玩耍，一直到傍晚才各自回家。第二天，我們做好了被狠狠批評的心理準備，可沒想到老師只是說：「知道錯了的話，以後就不要再做了。」

我感覺小松老師很喜歡我。遠足的時候，他悄悄地給了我一個小糖果。那是當時剛剛面世銷售的奶糖，我覺得這比我吃過的任何糖果都好吃。

寫到這裏，我想順便寫寫小松老師的事。當時他還是單身，住在村裏的教員住宅。有一天晚上他不在家的時候，房子著火燒毀了。一般來說肯定要受到他人的責難，可小松老師卻得到了村民們的同情和慰問。聽說因為這件事情，小松老師決心要為村子好好工作。後來他通過學習取得了中學老師的執教資格，一直把我們送到了高小二年級，並在當年成為了新建的赤穗公民實業學校的老師。這就是現在赤穗高中的前身。小松老師是這所學校的核心人物，為學校的創立付出了最多的心血。

此後，小松老師取得了律師資格，在原嘉道的律師事務所工作，不久便獨立出來在東京的芝開設了事務所。小松老師是高遠人，經常誇耀高遠的櫻花日本第一，說一定要親手栽下一萬棵，結果如何我也不知道。前年和去年，我在盛開的櫻花樹下飲酒時，不禁緬懷小松老師。老師晚年在伊那市度過，病重後被送到東京的醫院，在那裏去世了。

小時候我雖然很淘氣，但身體卻很弱，經常生病。哥哥們經常帶我去一個叫高橋桃藏的醫生那裏醫治。高橋醫生是一個慈祥的老人，有一雙溫暖柔軟的大手。他曾經三次向家人宣佈我病危，不過我都奇跡般地恢復過來。不可思議的是，至今我還清楚地記得，當時母親聽到我說「有穿白色和服的人來接我」，就哭著壓在我的被子上，說我不能跟他們走。父親坐在我的枕邊抱著胳膊，深深地嘆了口氣低聲說道：「沒辦法呀！」

我雖然脫離了危險，不過還是高燒不退，迷迷糊糊。這時候，大哥憲雄進屋看著我的臉，對我說：「快點好起來啊！」說完就出了家門，之後就再沒回家。好像是因為和父親不和，沒能如願和心上人結婚。

自高小一年級起，我成了棒球隊員。儘管是五十多年前，但從那時開始棒球在信州就很盛行，學校之間經常舉行對抗賽。到了秋天，郡裏各個小學的棒球選手都要彙聚到伊那町參加棒球大賽。每當比賽臨近，只有參賽選手才可以不上下午的課，去進行訓練。學校很重視棒球運動，操場基本被棒球隊員獨佔了，學校更專門撥出一間屋子給我們使用，風頭一時無兩。

高小二年級的時候，我們的棒球隊實力很強，整個學校都很熱衷。我是三壘手，同時作為候補投手，進攻時是隊裏第一個擊球員。暑假時，我們隊遠征下伊那郡，五天跟五間學校進行了比賽，成績是一勝四敗。當時我們需要自己背米去，住的是對方小學，這對只有十四、五歲的少年來說是相當辛苦的。然而所到之處很多人喝的倒彩，對我們卻是很好的磨練，球技和心理都有了很大進步。

那時候，赤穗小學的校長是一個叫大森祥太郎的老師，為人嚴謹穩重，深受村裏人的尊敬。當時還沒有實行男女共校制度，男生部和女生部分別在鼠川的兩岸。男生部有棒球隊，女生部則有網球隊，也很有人氣。

我當時喜歡了網球隊的一個女孩，每次看到她心裏都砰砰跳個不停。可是，男生不能到女生部去，女生也不會到男生部來。所以我只是偶爾有機會能見到她，到最後也沒說上話，但這確是我的初戀。

我們村不少孩子只上到小學六年級就輟學了，繼續讀高小的只有三分之二左右，再往上念中學的就鳳毛麟角了。村裏考上大學的好像只有兩人。

棒球賽季過去後，我便開始考慮自己的將來了。好朋友當中有人想報考陸軍初級學校，學校所有學費皆由國家負擔。當時，做軍人是男孩子們的憧憬。我也應朋友之邀，決定報考，第一次有了學習的念頭。看到學習到很晚的我，家人們都很奇怪，都來問我出什麼事了。

父親一直都説即便花錢繼續往上念，也不會有什麼大出息，還舉了不少例子。可能是因為他無法理解學問是沒什麼，認為學校都是有錢人的孩子去的地方，又或許是因為怕孩子念書花錢吧。

我實在張不開口對父親説讓我去念陸軍初級學校，猶豫再三，最後還是請小松老師幫我説。不久老師來到家裏跟父親説這件事，我躲在一旁偷聽他們的談話。父親反對説，不想把孩子變成殺人機器。對此，小松老師也表示贊成，父親還説，如果不想當農民的話，可以去做商人。我很失望，對小松老師開始抱有反感，索性就不學習了。

6

大正六（一九一七）年的三月，我高小畢業，進入了當年新建的赤穗公民實業學校的商業部學習。學校是新建的，再加上商業部的學生很少，所以教室借用了小學的一部分。我還記得學校的農業部只在冬天授課。校長由小學的大森校長兼任。小松老師離開了小學，在新學校專職任教，教授簿記。學校的條件很艱苦，但大家學習都很認真。小松老師的簿記課很有趣，但更新鮮更愉快的則是新上任的英語老師的課。這位英語老師曾經在課上說今天不學英語，改讀小說，帶著我們閱讀夏目漱石[4]的《少爺》。我就是這個時候第一次覺得小說是那麼有趣的。

雖然學校條件很有限，但總算能夠繼續上學，我很滿足，一邊上學一邊幫忙做家務，就這樣過了一年。那時候，二哥正在家裏幹活，三哥孝被徵為騎兵去了朝鮮的羅南。四哥考入長野的師範學校，開始了寄宿生活。

二哥正是個很耿直的人，本應繼承家業的大哥離家出走後他很苦惱，覺得自己一直待在家裏不好，便跟家人說了這個想法。父親是村議會議員，在家裏總是擺出一副不高興的表情，除了經常打掃屋子外，其他的事不怎麼做。

一個人如果很在意家世顯貴、出身名門什麼的話，這種心情也會反映在生活態度中。

---

4 夏目漱石（一八六七—一九一六），被稱為「國民大作家」的日本近代作家。英文學者，精擅俳句、漢詩和書法。代表作有《我是貓》、《明暗》、《行人》、《心》、《道草》等。

位於駒之岳山腳下的天台宗光前寺是一座一千三百多年前創建的古剎，我們家就是寺廟最早的檀家之一。寺裏至今還有古式的祖先墳墓，叫做上穗十一騎之墓。我認為，其實家世悠久與人的本質沒有任何關係，正是因為心裏在意所謂家世，才會生出歧視這個令人厭惡的東西。然而，我也不否認，在我心中某處對自己出生世家也有著不為人知的自豪。為什麼我在理性上對家世有著客觀的認識，但感性上卻依然沒有走出世俗的圈子呢？似乎有點在為自己辯解的意思，但我想這與我兒時成長在那樣的氛圍中還是有關係的吧！

小時候，祖母告訴了我很多關於祖先的事情。祖母說，一直到幾代以前，村子裏的這條河到那條河之間都是我們家的土地。後來，一個名古屋出身的男人做了家裏的掌櫃，與女傭人殉情自殺了。那時候從名古屋請人來驗屍需要花錢，於是家裏便向鎮裏的一戶商家臨時借錢。那個商人與地方官是親戚，他們以借據有問題為由把家裏的土地都奪走了。祖父後來被投入監牢，死了在裏面，家裏人還被趕出了老宅子。那以後，死者的靈魂每天都出現在商人的家裏，那個地方官也膽怯了，歸還了一些霸佔的土地，並批准家裏人回來。祖母的這些話給我幼小的心靈帶來了不少衝擊。不知是小學幾年級的時候，我得知那個曾經刁難過祖父的商人的孫子比我高兩個年級，就揍了他一頓。

因為家裏發生了這麼多事，所以大哥的離家出走帶來了很多負面影響。我在家裏的男孩中排行第五，這種影響也波及到我。對孩子們來說，為了家庭而犧牲個人的理想是無法避免的。

我從公民學校畢業的那年，二哥正被過繼到附近的一家富裕農戶做了養子。我當時特別想去東京，不過這是不可能實現的。兄弟姐妹中留在家裏的只有我和妹妹，家裏的活自然也就由我來做了。可是，對於之前從沒做過的我來說，擔子有些太重了。到了春天，為了不輸給別人，我早早便開始幹農活，起早貪黑地努力勞作。一個人做不過來的時候，還請了幫忙的人。總之，我就這樣辛苦勞動了一年，家裏的農活基本上都被我做了一遍，那時我才十五歲。在此後的人生中，這些經歷對我的農村觀的形成多多少少起到了積極作用。

家裏有一些哥哥們讀過的書，現在想想看，那些書也沒什麼特別的。

四哥忠雄念師範學校的時候，經常讀一些文學書籍。他的朋友很愛讀《白樺》雜誌，特別是深受武者小路實篤[5]的影響。四哥放假回家的時候，我便向他借書，貪婪地讀起來，

---

5 武者小路實篤（一八八五—一九七六），白樺派代表作家之一，劇作家、畫家。主要作品有《友情》《真理先生》，劇本《愛欲》等。

才發現讀書是這麼的有趣！那時候已經通電燈了，可我還是特地點起蠟燭熬夜讀書，為此還被父親責罵過。我也成了《白樺》和武者小路實篤的崇拜者。忠雄哥那時還成為了太田水穗創辦的短歌雜誌《潮音》的會員，經常創作短歌投稿。我對短歌也很有興趣。

我從東雲堂買來《啄木歌集》，專注地品讀。歌集不大，我就把它揣在懷裏，一有空就讀，從第一頁的「東海小島海邊的白沙」到最後一頁的內容我全部能背誦出來。

朋友中有幾個人去了東京。我也覺得自己應該進京，可是考慮到家裏的情況，我很難開口提出。苦惱半天，我終於還是決定瞞著家裏人進京。於是我拜託東京的朋友幫我找工作，最後基本在日本橋那裏的一家木片紙批發店有了眉目。

小時候，我經常由於惡作劇過頭或者犯倔不聽話，被家裏人關進黑暗的倉庫裏，長大後就很少去了。為了去東京，我每天趁著家裏人午睡的時候悄悄地到倉庫裏去收拾東西。我也不知道自己的衣服到底放在了衣櫃的哪個抽屜，花了兩、三天時間終於把我要帶走的東西備齊了。

夏天的一個很炎熱的中午，我拿出塞滿衣服的行李，存放到通往車站途中的一間屋子裏。到這兒一切都很順利，可是晚上吃飯的時候，我胸口有點堵吃不下去。母親便問我怎麼了，父親也說其實他已經知道了我離家出走的計劃。我很沮喪，不過也一下子輕鬆了很多。父親和母親對我說，其實用不著費這個周折，等明年三哥退伍回鄉後會讓我去東京的。

那之後的半年，我便在家拼命幹活，也經常去鎮裏的書店轉轉，不過基本沒發現什麼有意思的書。

這就是我少年時代的生活。大部分時間我都是一個人在田裏，有時候也覺得很傷感。我的家鄉東面是南日本阿爾卑斯山脈，西面是中央阿爾卑斯山脈。從村子裏可以看到雄偉的仙丈岳。當伊那谷太陽落山的時候，仙丈岳上還映滿著晚霞。還是少年的我，真正領略到了陽光照射在山峰上的美景。

現在回想起來，那時我能一個人在家鄉過著農村生活，度過了充滿感性的少年時代，真是一件幸運的事。

7

我上的公民實業學校在創辦之初，只需要一年就可以畢業。三月份學校舉行畢業儀式，當時領取畢業證書的只有十二、三名學生。我記得我的號碼好像是第四號。學校後來不斷發展，變成了今天的赤穗高中。赤穗高中現在好像也把我們當做學校的畢業生，不過由於當年學科內容很粗糙，授課時間也少，把我們與現在的畢業生同等看待我總覺得有些奇怪。我從未認為自己是高中畢業，所以沒有說過自己是赤穗高中的畢業生。如果讓我寫學歷的話，我都寫「無學歷」。這也可以說是對社會上那些偏好學歷的人們的一種嘲諷和抵觸吧！

放假的時候，上師範學校的哥哥的一些朋友會經常來家裏玩。他們人都很好，各有魅力，與我平時接觸的人完全不同，好像來自新世界一樣。他們傾倒於《白樺》，認為教育也應該以「人道主義」為基調。他們的幾個前輩當時已經在從事教育工作，具體情況我不太清楚。他們那些在校生也熱愛文學，不僅自己創作小說，還創辦了油印的同人雜誌，形成了一定聲勢。他們覺得上課無聊，便經常逃課，幾個朋友聚到一起或是討論問題，或是遊歷於山野歌頌自然，或是讚美天才，希望自己也能走天才之路。我與哥哥的這些朋友十分親近，交往也逐漸增多。利用秋天收穫前的短暫空閒，我決定去長野玩一趟。不過，旅行的第一站不是長野而是直江津，我住在海邊的一個小旅館裏，隔著窗戶出神地望著大海。這是我第三次看到大海。這樣的旅途、這樣的心情可以說深深地受到了石川啄木[6]的影響。

到了長野後我沒有住旅館。哥哥的朋友們都住在宿舍，也打算讓我悄悄住進去。宿舍的附樓裏有三間被稱為「病房」的屋子，他們讓我住到空著的一間。到了晚上，哥哥的朋友們都聚了過來，還從食堂給我悄悄帶來了飯菜。洗澡的時候，則混到了許多人當中。如果被學校發現的話，肯定會受到處罰，這種冒險是很有魅力的。

住在宿舍的幾天日子裏，我與哥哥的朋友們更加親密了。他們有成為老師的路可走，我自己將來要做什麼卻毫無目標，也不想過農民的日子。祖母知道我離家出走沒有成功後，說什麼也要想辦法把我栓柱。她叮囑父親說不能放我去東京，應該再分一些田地和山林讓我耕種。就這樣，我迎來了十六歲的年末，每天都過得很鬱悶。

因為在俄羅斯發生了尼港事件，日本出兵西伯利亞，在朝鮮羅南的騎兵聯隊當兵的哥哥也被調往了前線。不過後來我們接到消息，哥哥可能一月份能退伍回家。

過年時，我得到父親的許可來到了東京。幾年前離家出走的大哥在東京三省堂從事《國民百科大辭典》的編輯工作。不管家裏人還有親戚怎麼勸他，他說什麼也不回來，不過也沒說要把繼承的地位讓給弟弟。由於跟家裏說好了，我就住在位於東中野的大哥家裏，然後每天在東京街頭四處走走。東京充滿了活力，我很喜歡這個城市。有一天，我坐著電車

---

6 石川啄木（一八八六—一九一二），本名石川一，明治時代詩人、評論家，對日本的詩歌發展有重要影響。著作包括前述《啄木歌集》。

路過神保町時，看到街上有許多舊書店，第二天一早就去了那裏，在舊書店逛了一天。那裏有許多之前我沒看過的書，使我異常興奮。

在快要離開東京回信州老家的某一天，我接到了當兵的哥哥的電報，得知他兩天後要到東京。我和哥哥有三年多沒見了，他變得很健壯，兩、三天後我們一起回了信州。哥哥暫時沒什麼目標，便在家裏幫忙幹活。這樣一來，我就確定可以到東京了。

四月中旬的一個清早，我提著很少的行李離開了家鄉。那時候，坐車從中央線的辰野站到東京可以說是一趟長途旅行，需要七、八個小時。老式列車駛進隧道後，整個車廂裏便彌漫著煙。到達東京的時候，臉已經被煙薰得漆黑。

在八王子換乘省線電車，然後輾轉到東中野下車的時候，武藏野已經映滿了晚霞。那時的東中野還是一個小站，四周都是田地。

我在哥哥家無所事事，完全不知道自己將來要從事什麼職業。

有一天，哥哥對我說，像我這樣喜歡讀書的人應該到書店工作，神田有一家叫作岩波書店的出版社，可以去那裏試試看。那時的我對什麼岩波、什麼出版社毫無所知。不過我一聽是書店就很感興趣，樂觀地認為只要我去面試就一定能入職。

第二天早上，哥哥帶著我去了神保町的岩波書店。上次過年還有這次到東京時，我逛舊書店都到過神保町，岩波書店就是眾多書店中的一家。進了書店，只見擺滿了書的書架伸向天花板。哥哥對店員提出希望能拜會店主，店員說，店主去了信州不在店裏，不過今天早上回東京，可以在店裏等等。

不一會兒，一個微胖的中年人風塵僕僕地走了進來。他就是店主。店主把我們迎到了內屋，上了二樓。二樓是個和式房間，被改成書店的辦公室，不過也只擺著兩張桌子和三、四把椅子。

店主好像是個急性子，一個問題接著一個問題，問了很多。他看了我的成績單，稱讚道相當不錯，又問我對拉車反感嗎？我說不介意。其實那個時候我只是似懂非懂地以為所謂車就是人力車，腦袋中浮現出我一邊拉著人力車一邊苦學工作的樣子。

店主最後說，如果我想要賺錢的話，來他這裡算是錯了，應該去三省堂或者東京堂碰碰運氣。我也不知道他為什麼會點這兩家的名字，說那麼不客氣的話，但卻給我留下了深深的印象。我有點生氣，反問道：「誰說我想賺錢的？」聽了此話，店主笑著說道：「不好意思，失禮了！明天你就來上班吧！」

就這樣，我通過了岩波茂雄的面試，成為了岩波書店的一名店員。進店時間按記錄為大正九（一九二〇）年四月二十四日。

第二章

進入岩波書店

8

在家的時候，我親眼看到和聽到過商店的小夥計過著什麼樣的生活，與其說是工作不如說做學徒更加準確。現在自己要成為這樣的角色了，我便暗下決心，不管遇到什麼，我都不會逃避，認真去做好。然而，在岩波書店的生活與我預想的學徒生活有點不一樣。同伴們幾乎都是我的同齡人，只有兩三個人比我大一些。不過，當時在店裏工作的也只有十七、八人。二十歲以上的人自己住在外面，其餘的都是住在店裏，沒有另外的宿舍。

現在岩波書店已經是一家很有特色的新型出版社，可是如果追溯到大正九（一九二〇）年的話，只是一家規模很小的書店。當年書店發行的新刊書總共也只有四十三冊。

我進店後很快被分到了零售部。與普通書店一樣，那裏也銷售其他出版社的書籍。大正二（一九一三）年岩波書店創立之時主要經營舊書生意，而到了我進店那年這一業務已經停止。不過，書架上還擺著一些賣剩下的書。

書店全年早上七點開門，晚上十點關門。冬天的早上或是大雨傾盆的日子一般是不會有客人來的，即便這樣，整個神保町的幾十家舊書店也照舊在這個時間開門、關門，岩波書店只不過是其中一家而已。

我這個人不太擅長接待客人。上班第一天，零售部的主任對我說：「有人來的話你就當是賊來了。」這句話令我很不愉快，不過有人進來的時候，我還是仔細盯著。這可比體力勞動要辛苦得多。顧客中也有一些令人討厭的人，我很惱火與對方吵了起來。岩波後來知道了我與顧客吵過三次，可他並未責備我，而是對我說，對那些不講道理的顧客可以跟他們吵。打那之後，我沒再和顧客吵過架。

我雖然被分到零售部工作，但其他事我也得做。當時岩波書店的規模還很小，一人工作忙的時候，其他人也要幫忙，這已經司空見慣了。所有這一切都要聽店主岩波茂雄的吩咐。

我們店員都住在書店後面一座不大的二層樓上，那裏白天也用作食堂和臨時辦公室。岩波茂雄也經常住在那裏，與我們一道被跳蚤咬。

那是《漱石全集》第二次預約出售時的事。全集大概每月出一本，每次發行之後我們都會很忙。因為訂購的讀者很多，所以打包和配送新書的工作很辛苦。大家夜以繼日、你爭我趕地工作，在第二天早上吃飯前把書裝到車上運往郵局。

第一次見到岩波的時候，他問我對拉車反感嗎？後來我才知道他所說的車原來不是人力車，而是拉貨的板車。那是我進入書店工作後很久、一個下著暴雨的晚上的事。那天晚上八點左右，我和日後成為書店專務董事的長田幹雄拉著板車，走在東京牛込的神樂坂下附近。

那時我們的勞動條件非常惡劣，與今天根本無法相比。可是，岩波茂雄與一般的店主不同。比如，當時別的店都管店主叫「主人」，而我們則管岩波叫「先生」。這是因為岩波在經營舊書店前在女子學校當過老師，大家自然而然地就那麼叫了。

我進店工作前，岩波書店的店員們就組建了棒球隊。岩波為隊裏買了非常好的棒球器具，我以前都沒有見過。很快我就被拉去訓練，他們的球技很差，由我來擔任隊裏的投手。

岩波還為店員們開設了「夜校」。除了新來的我要在店裏看店，年輕店員們都可以去參加夜校的小講座。授課的老師由兩名大學生輪流擔任。過了一年，當我有資格去夜校聽課的時候，不知為什麼停辦了，但岩波允許店員們根據各自的願望到社會上的夜校去學習，我便去了正則英語學校。

剛進店的時候，我的月薪是二點五日元，第二年漲到了三點五日元。除此之外，衣食住的費用、夜校的學費、洗浴費、理髮費等也都由店裏負擔。

剛開始的時候，我去夜校學習的熱情很高，不過漸漸地請假的日子多了起來。那是因為還有其他很多想做的、有趣的事。

在師範學校念書的哥哥忠雄由於出勤率低而留級了，人應該還在長野。他對我的影響很大。之前我也提到過，他的同伴們非常崇拜白樺派，對文學有很深的興趣。他們雖然不是一心想當作家的人，但都熱愛文學書籍，自己也在寫小說。

可不管怎麼說，他們的專業還是教育。由於整天忙於教育工作，把關愛傾注給孩子們，平時既忙碌，也會有很多煩惱，使得他們沒有足夠的時間在作家和畫家的道路上走下去。最終，他們當中一個作家和畫家都沒有出來。但是，作為教育者，他們卻留下了頗多具有特色的業績，後來一個個都成為了信州教育界的主要人物。現在只要我想起哥哥的同伴，都會想到這些人。也許有些人已經去世了，我可能還不知道。其中三、四個人我能記住容貌，但已經記不住名字了。我記得的，有一志茂樹、宮本正彥、小林忠雄、一志斐雄、松川伊勢雄、米澤秀岳、關口寬治等人。

一志茂樹最年長，與比他小的同伴們一起燃燒青春的激情，在教育和文學兩方面都是團隊的領軍人物。一志當時翻譯了羅丹的作品，白樺派的人們對他也是另眼相看。一志後來在松本居住了很長時間，現在作為地方史研究的泰斗仍然健在。

宮本正彥與一志不同，是同齡人當中的頭兒，有著不可思議的魅力。我很久沒見過他，後來聽說他好像在太平洋戰爭爆發初期與家人一起移民到舊「滿洲國」的開拓村，很是驚訝。

本來他是個很優秀的人，著實感到遺憾。聽説戰敗後他們家除了一個人都死在了那裏。還有其他人，都是教育界很有分量的人，不過現在應該已經不在第一線了吧。

我有點性急，説了他們後來的發展情況。回到大正十一（一九二二）年的時候，他們都是二十三、四歲的年輕教師，懷揣著希望和雄心。此前我提到過他們在念師範學校的時候創辦了油印雜誌，後來我進入岩波書店工作，他們便想在東京印刷發行。東京大學裏有他們志同道合的朋友田島務三和有賀喜左衛門，田島做了發行人。田島當時已經結婚，住在巢鴨。利用我在岩波書店工作的關係，雜誌的印刷交給了三秀舍這家一流的印刷廠來做。

9

有一套叫《劉生繪日記》的書，這套書的第一卷是從大正十一（一九二二）年一月一日開始出版的。在其中一篇二月十四日的日記中有這樣一段話：「早上，我在二樓為一本信州出的雜誌《創作》畫封面。我在黑底上畫了女兒麗子的肖像，一個大的和十四個小的。封底畫的是月夜的景色，個人覺得封底畫得更好些。」正如這段日記裏所寫的，我們的雜誌定名為《創作》。岸田劉生[1]當時住在鵠沼，正處於創作巔峰時期。

請岸田劉生為雜誌畫封面的是一志茂樹。雜誌的印製、配送、委託書店代銷等等由田島務三和我負責。由於是同人雜誌，所以大家一起分攤會費、徵集讀者，齊心協力地去維持雜誌的發行。

我也在這個雜誌上發表了小說。現在想起來，我們那些人都把無聊的東西寫得煞有介事。至少我寫的東西裏找不到一個為什麼要寫的明確主題。我在寫所謂「小說」時，沒有深入思考過人生，只是輕易動筆，隨性所至而已。

總之，比起在岩波書店一起工作的同事，我與《創作》雜誌的同伴們的關係更為親密。他們都比我年長，對我的影響很大。他們都很尊敬白樺派，特別是武者小路，我也不例外。那是雜誌發行之前的事了，一個寒冷的夜晚，我聽說武者小路從日向新村[2]來到了東京，便去他在番町的家裏拜訪。我被引至會客室時，那裏已經坐了五、六個客人。他們圍坐在武者小路身邊，聊日向新村，聊文學，很是愉快。我坐在角落默默地聽著。夜深了，那些客人起身告辭，我也鞠躬準備離開。武者小路奇怪地看著我，問：「你是不是有什麼事呀？」我支支吾吾地說「沒事」，便跟著其他人向玄關走去。

那之後不久，在本鄉追分的基督教青年會館舉行了一場新村演講會。武者小路的演說充滿了激情，十分精彩。

我們對岸田劉生的畫作很著迷。每個月出版的《白樺》雜誌，卷首插圖都登載著歐洲繪畫的照片，通過這些照片我們對繪畫有了很多瞭解。岸田也是通過《白樺》知道的，我們對他佩服得五體投地。岸田充滿自信的言行感染了我們，使我們也彷彿沉浸在一種天才主義的氛圍中。

那時我經常去赤坂的三會堂觀看「草土社」的展覽會。岸田在給我們的《創作》雜誌畫封面的時候，我跟著會畫畫的松川伊勢雄去鵠沼拜訪過他兩、三次。我現在還清楚地記得岸田在畫室裏畫女兒麗子的情景。吃飯的時候，岸田一家還作了禱告。

那時候，我在店裏拼命地幹活，晚上去夜校學習，平時熱衷閱讀文學書籍。陀思妥耶夫斯基、托爾斯泰等作家的譯本我基本上都讀了一遍，但對其理解還比較膚淺。幸運的是，

---

1 岸田劉生（一八九一—一九二九），西洋畫畫家，以一連串描繪了愛女麗子的肖像畫為代表作。

2 由武者小路篤實發起的「新村運動」，旨在遠離令人失望的現實社會，開闢一塊人人平等互愛的烏托邦。

多虧了當時的廣泛閱讀，我對古典文學作品也略知一二了。

這一年，岩波茂雄虛歲四十二歲。岩波是一個精力充沛的人，不分晝夜地奔走於作家之間。岩波書店通過出版哲學叢書給出版界和閱讀界帶來新風，並憑藉《漱石全集》鞏固了在出版界的地位。今天，岩波書店已經在廣泛領域得到了很多嶄露頭角的年輕作家和大家們的協助，不斷取得發展。我慶幸能在岩波手下工作，竭盡全力地去做好每一件事。岩波很關心店員，看上去挺嚇人，其實非常和藹可親。

經常有很多人為拜會岩波來到書店。我們見識他們的風采，聆聽他們的談話，有時候還能與他們交談，為他們做點事，感到十分高興。如果在別的店裏工作，恐怕是接觸不到這些人的。

現在我突然回想了一下當時經常造訪小小的岩波書店的人們。

他們是小宮豐隆、矢代幸雄、上野直昭、安倍能成、宮本和吉、古屋芳雄、阿部次郎、野上豐一郎、島木赤彥、和辻哲郎、高橋穰、太田水穗、寺田寅彥、藤原咲平等等。這些人都是岩波的老朋友，也有很多是書店開業以後結交的。出版者的財產不是金錢，重要的是，他的人品要為作家們認可和喜愛。岩波並不是口若懸河的人，身材也很魁梧，但他為人誠實、率直、親切，深得他人信賴，而且絕對遵守諾言，充滿正義感。不過，光具有這些美德還無法成為一個有魅力的人。正義感強的人容易生氣，嚴格遵守約定的人難以原諒他人的違約。岩波就經常發脾氣，用一些極端的話語去責罵做錯事的人。我們也時常挨罵，但岩波罵完後心情就會好很多，從不會放在心上。

那時候店裏派我出去辦事，留下很深印象的是島木赤彥。赤彥當時住在麴町佐佐木家裏的《阿羅羅木》雜誌發行所。身著和服的赤彥讀著我送去的岩波的信，他的一雙大眼睛和鬍鬚令人難忘。我忘了當時是什麼季節，赤彥用掛在火盆上的鐵瓶裏的熱水為我沏了茶，並拿出大福餅讓我吃。他還問我家鄉在哪裏，什麼時候進的岩波書店。

我在信州老家的時候有時也喝酒，覺得酒的味道還不錯。打從懂事時起，我幾乎沒看過父親喝酒，不過聽母親説父親年輕時也喝得很厲害。哥哥們也都能喝酒，兩個姐夫也都是海量。特別是大姐夫，他不是農民，年輕時師從中村不折學畫，後來成為日本畫家，號馬場折雲。作為畫家，大姐夫沒能在中央畫界成名，晚年時一直喝酒直到病倒，把在村裏數一數二的家產基本折騰完了。不過大姐夫留下的畫作中倒也有幾幅不錯的。

我生長在這樣一個喝酒的環境，從小就經常接觸酒。父親雖然不喜歡喝酒，但別人喝時他會陪，而且父親酒德很好，從不允許喝酒不守規矩。

我到東京之後很快就喝起酒來。由於岩波發的工錢不多，我不能總靠這些錢來喝酒。

但哥哥平時會請我喝酒，還會給我點零花錢。信州的朋友來東京的時候，也會請我喝酒。岩波知道我喝酒，但沒怎麼說過我。那時，精力過剩的我經常喝醉了與別人吵架。

10

大正十二（一九二三）年，我虛歲二十一歲。按照規定，到了二十一歲需要接受徵兵檢查。這對年輕人來説在各個方面都是一個新的開始，將面臨很多新的事物。只要是日本人，無論如何也要經歷一次這樣的難關。因為當時實行「全民皆兵」制度，每個人都做好了一旦爆發戰爭，隨時應徵入伍的準備。不過，如果一個人沒有通過徵兵檢查而進不了現役的話，那他與入伍的人的命運就大不相同了。首先，如果合格的話，就要服兩至三年的兵役，不得不中斷迄今的生活。而且退伍後能否回到之前的工作也不得而知。即便能回去，工作上也會與同事有很大差距，各個方面都不利。那時候人們經常說，經歷過軍隊生活的人都雷厲風行，但其實這都是瞎説。在一個必須絕對服從於長官的世界裏，不可能過上正常人的生活，也不會有什麼好的收穫。

我接受徵兵檢查的日子定在了四月的某一天。為了這一天，我提前開始準備，戴上近視眼鏡並逐漸增加度數。可是光靠這個仍然難以逃脫徵兵。朋友當中有人專門研究了逃避的辦法。除了在眼睛上下功夫，還有讓痔瘡加劇的辦法，在檢查當天多喝一點醬油的辦法等等。不過，如果被識破的話那麻煩就大了。所以，最安全有效的辦法還是節食。

這個辦法時間跨度長，有點受罪，不過幾乎從來沒被識破過。我用了這個辦法，進入三月，我就開始減少食量了。以前一頓飯吃三碗米飯，減到只吃一碗半，其他食物也減量了。從檢查前的一個月開始，我又減到一頓只吃一碗飯。因為平時我還是照常工作，所以這個過程很痛苦。當臨近檢查的日子時，我一頓飯連一碗飯都吃不到了。我還故意不到外面去曬太陽，把臉色弄得很差。

我覺得當時自己是充分感受到了空腹是多麼可怕的一件事。走在街上的時候，擺在店面的食物會一下子跳入眼簾，那種強烈的吸引力令人可怕。我的體重眼看著從六十四公斤不斷地往下掉。

無論怎麼堅定意志，但還是有忍受不了的時候。於是我便喝點蓖麻油，然後飽餐一頓，充分體會那種滿腹感。緊接著，再喝一點蓖麻油。這樣的話，吃下去的東西能全部排出來，不會變成營養。

被別人知道節食是件危險的事，所以這種擔心也使我很痛苦。同伴們好像都察覺到了，不過誰也沒說出來。

岩波似乎也感覺到了，對我說不要太為難自己。不過我覺得如果半途而廢的話一切都沒有意義了。我很喜歡有島武郎的小說《凱旋》，主要情節是：載著客人的馬車奔向車站，車夫猛揮鞭子朝一匹叫「凱旋」的馬抽去。儘管這匹老馬喘著粗氣，流著汗賣力地奔跑，但仍不知道能不能趕上火車。客人實在看不下去，對車夫說別再那麼抽馬了，趕不上火車也沒關係。車夫一臉憤然，回答道：「要是現在停下，那剛才是為什麼而跑呀！」車夫不但沒有停下，反而抽得更猛了。就像這個故事，我做事也不喜歡半途而廢。

檢查前一天我回了趟家，那時體重不到五十二公斤，臉色有些蒼白，但身體很健康。家裏人看到我都很吃驚，在他們面前我只好強打起精神。母親做了我小時候就很愛吃的東西，一個勁兒地讓我吃。

檢查當天我吃了早飯。

體檢順利結束後，我坐到了司令官的面前。他看看我的體檢表，又看看我的臉，問道：「你是做什麼工作的？」我說在東京的出版社工作，他點了點頭，拿出《論語》指著「巧言令色鮮矣仁」的句子問我是什麼意思。我回答完後，他對我說：「不錯，當兵並不是唯一報效國家的道路。」

檢查結束後，我到鎮上給岩波發了電報，告訴他通過了第二乙種檢查。當晚，我與很久沒見的朋友們一起喝酒，回到家已經接近拂曉了。

第二天我去找正在幹農活的哥哥，不顧他的勸阻動手割起草來。晚上脖子就開始疼，腫得動彈不了。醫生看了後說是肌肉發炎，讓我冷敷了兩、三天，可是腫不但沒消反而更疼了。我很惱火，讓醫生給我做手術，悠閒的鄉村外科醫生竟真聽了我這個外行的建議做了。事實證明這樣錯了。

於是我不得不過起療養生活。岩波看到我的電報後立即寫信給我，說這次結果不算壞，報效國家的道路還有很多。

過了很長時間，還是因為年輕，我受傷的身體逐漸得到恢復，又變得像原先那麼壯了。

我想在這裏解釋一下為什麼要這麼詳細地敘述這件事。我原先想報考陸軍初級學校，可是由於父親的反對沒有實現，後來我就進了岩波書店。自從放棄了當兵的夢想，我便逐漸對軍國主義持批判態度，至少自己絕不會去當兵，所以成功地設法逃避了兵役。如果當時我去當兵的話，人生的道路肯定會改寫。的確，我是反抗和違背了當年的法律，但從道德上講我並不認為自己做錯了。

兩、三年前，我曾沒有附帶任何感想地簡單敘述過這件事，但很快就有兩、三個人向我提出了抗議。我沒有理會這些抗議，一是覺得沒有必要回答，二是即便回答了他們也理解不了。但是我可以肯定地告訴他們，我在自己堅信的道路上認真地走到了今天。我執著的人生路與這件事也有很深的關係。

話歸正題，我身體基本痊癒了，七月末便回到了東京。我還記得當時社會上發生了件大事，六月九日有島武郎與波多野秋子在輕井澤的山莊一起殉情了。

有島在殉情前曾宣佈放棄自己的財產，特別是在北海道擁有的土地，令世人震驚。我們的雜誌《創作》當時正苦於發行資金不足，聽説有島放棄了財產，有人便説可以從中分點錢來維持發行。説這個話的好像是我或者是田島務三。總之，有一天我們倆去了麴町的有島家。有島見了我們，拒絕説：「我不會為這樣的小事一一拿錢。」回來時，我們在街上一邊走一邊聊天，也認為有島這麼説是有道理的，他能見我們就已經讓人很尊敬了。這就是當時的插曲。我回到東京後不久，九月一日發生了大地震，有島殉情事件帶來的衝擊很快就被人們所忘卻。《創作》雜誌的九月號印好後存放在岩波書店我那裏，在地震中全部燒掉了。那之後《創作》就不得不停刊了。

第三章
關東大地震

11

大正十二（一九二三）年九月一日，上午十一點五十八分。當時我與同伴兩個人在神田今川小路的岩波書店批發部。早上來取書的經銷店的人們已經離開，有三個附近的孩子在店裏玩，此外沒有別人。就在這個時候，強烈的地震襲來了。

那是距今五十一年前的事。我已經記不清當時與我在一起的同事還有那三個孩子了。地震後兩三天，我開始寫手記，記下了一個月左右的地震經歷，現在還保存著。那寫在一本大學筆記本上，用很細的字寫得滿滿的。我通讀了當年的手記，感覺總體上比較情緒化，個別地方不禁令我皺眉。不過想想一個二十歲的青年突然遭遇如此大的自然災害，無法保持冷靜也是正常的。我記下的那些親眼目睹的事實後來確實發揮了作用，每當看到這些，我都能清晰地回想起當時的情景。

地震時我所在的今川小路，位於岩波書店所在的神保町和九段之間，距九段約三百米。

強震發生的瞬間，我們跑到了前院，耳邊傳來巨響，房屋在搖晃，牆土不斷掉落下來。我站在前院與鄰家之間的空地上，努力伸開雙手確保自己不倒下。同伴跑到院外時，對面的房子倒塌下來，還好他跳到了房子的屋頂上，逃過一劫。

岩波書店批發部以前是當舖，結構堅固，在地震中沒有倒塌，但周圍的房屋幾乎都倒了。

根據手記內容照葫蘆畫瓢並不難，但我在這裏並不打算引用當年的詳細記錄來描述地震。關於最初的強震停止後的情景，我只引用一段，「可怕的靜寂襲來，真的十分安靜。想必每個人都覺得自己能活下來是件不可思議的事。」地震後我們立刻趕回神保町的岩波書店。沿途遇到的每一個人都有各自的不幸，有的站在廢墟前大聲呼喊被倒塌房屋掩埋的家人，有的渾身是血。因為正值盛夏，天氣酷熱，街上偶爾也能看到赤著身子的人。每一個人都是滿身灰塵，滿臉漆黑。

岩波書店的建築沒有倒塌，也沒有傾斜。店裏的人都安然無恙，跑到了店外的電車路上。炎炎夏日下的街道空蕩蕩的，瀰漫著異樣的寂靜。一輛沒有乘客和乘務員的電車停在廣闊的馬路上。

過了三十分鐘左右，從各處冒出了濃煙。我們一起朝水溝方向逃去，然後去了位於小日向水道町的岩波茂雄的家，大家估計那裏應該沒有倒。岩波家在服部坂的坡上，附近有一片叫久世山的空地，平時是孩子們玩耍的地方。

岩波家是前一年他從作家中勘助那裏買下的。中的名著《銀匙》就是以這裏為舞台創作的。裏面有一間住著安倍能成一家。

東京的下町平民區被濃煙覆蓋，各處都冒出火炎。當天深夜，我站在久世山上遠眺著籠罩東京夜空的大火，一直待到天快亮。

第二天，我去大久保打聽哥哥的下落，萬幸哥哥平安無事。我的手記中這樣記述了歸途中的遭遇。「路過牛込的時候，看到許多武裝青年團和在鄉軍人在吵嚷著什麼，我還以為什麼事，後來一問，原來是朝鮮人放火了。回來的一路上不少人因此而鬧事，歸途十分艱難。」關於此事，手記中表達了很多自己的看法。我不相信朝鮮人放火的傳言，我寫道：「他們不會做這樣的事」，不過「即便有個別朝鮮人放火那也不足為奇，因為他們這樣的報復遠比日本人平日對他們的迫害和壓迫要小。」而且，「所謂愛國心或者說是狹隘的愛國心，它在迷失的民眾身上會帶來多麼悲慘的結果啊！真理只有一個。那就是博愛，在真正理解這句話的人的面前，是沒有日本人和朝鮮人之分的。」

因為「朝鮮人放火事件」，我們後來組建了「自警團」，從九月二日晚上開始輪流守夜。早上我結束當班時，岩波茂雄對我說：「去趟下町吧！」

我們先去神田，看了看岩波書店批發部的廢墟。批發部的倉庫裏堆放著很多書，都被燒得大幅收縮，變成了一小塊一小塊白灰。放眼望去，下町一帶都被大火燒光了，零星地還立著一些樓房和倉庫。遠處駿河台的聖尼古拉大教堂可以一覽無餘，似乎就在眼前。

我們兩人穿過神田橋、鐮倉河岸，走在本石町的高架鐵橋上。就在那時，我突然發現路邊有一個很奇怪的東西，嚇了一跳。原來那是一具被燒焦的屍體。我們倆走近仔細看了看，屍體很小，可能是個孩子，已經分不出是男孩還是女孩了。

在日本橋附近，魚市的廢墟上殘留著倒塌的倉庫，有人在裏面找魚。有個地方堆著一批鮭魚，完好無損，人們便紛紛拿走。我也想去拿一條魚，可是岩波卻說：「儘管現在混亂，但別人的東西就是別人的。擅自拿走就是強盜。」我很羞愧。佐久間町有一片狹小的街區在火災中幸免，靠近河邊的地方停著一輛電車。我和岩波到電車裏稍事休息，裏面有一個男的，我們開始了一問一答的交談。

「好厲害的地震呀！」「是呀，確實很嚴重。」「這一帶朝鮮人也在鬧事吧！」「是呀，鬧得很凶，在火災中沒被燒掉的地方，卻被他們放火燒了，實在可氣！」「確實是朝鮮人放的火嗎？」「是呀，都是一群壞人，真想一個個把他們殺掉。」「這裏殺過朝鮮人嗎？」「昨晚在河邊綁了十來個朝鮮人，用錘子把他們打死了。」「屍體呢？」「扔到河裏或是廢墟中了。」

後來我們在路邊看到了被戳成馬蜂窩似的屍體。我在手記中這樣寫道：「在這次嚴重的天災中最不幸的無疑是朝鮮人。他們與我們一樣，也是人，也遭遇地震，面臨同樣的恐怖。

不僅如此，還不知道什麼時候會被其他生還的人殺掉。這是什麼世道！」

當時的我，一個二十歲的青年，時而興奮，時而憤慨，情緒化地任筆尖滑動。

岩波和我後來路過上野廣小路，穿過湯島的水渠，回到了位於小石川小日向水道町的岩波家。

當時，岩波的家人住在鎌倉。為了確認他們的安全，九月二日的早上，十八歲的店員長田幹雄騎著自行車出發去了。長田出生於信州諏訪，後來成為了株式會社岩波書店的專務董事。過了九月三日的中午長田還沒有回來，岩波便命我和小山久二郎去趟鎌倉。小山後來成為了小山書店的店主。

12

當然，去鎌倉除了步行別無他法。火車停運了，也沒有汽車。我的大學筆記本裏寫道，小山和我穿上草鞋，纏上綁腿便出發了。我們穿的是和服。吃過午飯後，我們拿了兩個小飯團。天空下起雨來。我們穿著草鞋，在雨中深一腳淺一腳地走在原來騎車或坐電車經過、但現在已被大火燒成廢墟的街道。地面上留下深深的燒痕，與以前的道路完全不一樣了。

我們倆路過了日比谷、御成門、三田，快到品川的時候，夜幕已經慢慢地降臨了。

有人説在品川站可以坐火車。我聽説鐵軌已經被震得不成形了，有點不相信，但我們還是隨著人流向站台外的方向走去。那裏停著一輛鐵路貨車，人們托著前面的屁股，拉著後面的手爬上貨車。我們倆也不知道貨車開往何處，累得坐在車廂地上，聽著人們的談話。

「我住在本所，那裏被服廠前的廣場死人堆成了山。大川、還有那一帶的各條河裏都飄著死屍。」説話的人指著旁邊五、六歲大的女孩説：「這孩子能活下來真不容易。一整晚在船上給她的頭澆水，才救了她一命。」

説話人是一個三十歲左右、很健壯的男子。聽説他為了救人，在滿是死人的河裏一直游到天亮。各處都有很多人講述他們在地震中的體驗，不過這個男子關於本所、深川、淺草的講述是最令人震撼的。

火車緩慢地前行著，快到六鄉時停了下來，説是只能開到這裏。這時已經是晚上了。我們戰戰兢兢地走過六鄉的鐵橋。鐵軌發生了扭曲，有的地方還有隆起。疲勞、飢餓和不安的我們不知如何是好，只想著要盡早到達鎌倉，沿著鐵軌向前走去。走過川崎站的時候，一個軍人加入了我們。他是個軍曹[1]，腰裏還掛著長長的軍刀。

鐵軌旁的陰暗處躺著一個穿白色和服的人。就這樣通過他的身旁，不免有些毛骨悚然，所以我們停下了腳步。軍人拔出了軍刀，小山和我從地上撿起了石頭。軍人高聲喊道：「誰？站起來！」可是對方毫無反應，我們只好離開鐵軌來到了街上。黑暗的街道上有一群人提著燈籠，拿著刀、竹槍和火槍站在那裏一個一個地盤查過路的行人。他們讓人說「晚上好」，還會摸摸行人的後腦勺。那時行人已經很少了。我們問他們躺在鐵軌邊的人是誰，他們淡定地對軍人說：「那是我們殺的，應該有兩個人，就在昨天。」

我們在各處都遇到了盤查。不過，每次我們都說軍人是自己的朋友，一路下來平安無事。我在手記中這樣寫道：「如果誰要說半個不字，那麼根本不會有任何辯解機會，就會被草率地殺掉。」那時我看到和聽到的殘殺朝鮮人的恐怖情景，使年輕的我思考了很多問題。

遠處，橫濱的夜空被大火映得通紅。我們三個人判斷已經很難再往前走了，於是便向路邊的警察署求助。那裏有剛做好的飯團和腌鹹蘿蔔，還沒有得到同意，我們就狼吞虎嚥地吃了起來。警察署混亂得就像戰場似的，根本沒人注意我們。我們三個人找了一間盡頭的榻榻米房間就呼呼大睡了。第二天早上醒來才發現走廊的對面是拘留所，裏面站

---

1 日本的軍階，相當於中士。

滿了朝鮮人。

我們去的是東神奈川警察署。從警察署出來後，我們便與軍人告別了。

從橫濱到鎌倉的路途也很遠。草鞋穿破了，我們就買了木屐。快到鎌倉的時候，我們再次目睹了地震破壞之大，圓覺寺附近的道路有很多處被兩側倒塌的房屋所堵塞。我們先後路過看到了圓覺寺、建長寺、八幡宮等不少倒塌的建築。

我們一直擔心的岩波家人都平安無事。聽說長田幹雄剛走，我們就到了。出發前岩波吩咐過，所以當天下午，我去看望了住在鎌倉站附近的小泉信三。這是我第一次見到小泉。

我們原本打算走回東京，後來聽說從橫須賀軍港有軍艦開出，可以載人到東京的芝浦。九月五日一早，去鎌倉站附近的海軍臨時事務所打聽，果然如此。小山和我立刻出發走了三個小時，大約五里路，趕到了碼頭。

那裏已經聚集了很多人，爭先恐後，生怕坐不上軍艦。碼頭停泊著「夕張」號戰鬥艦，船體雖然龐大，但最多也只能容納五百人。小山跟我商量，「我們年輕力強，無謂推開別人都要擠上去吧」，便從人群中走出來，倚著欄杆看著別人上船。但是，沒能坐上「夕張」號的人後來都坐上了驅逐艦，在「夕張」號出港後不久起航，很快就超過了龐大的戰鬥艦，傍晚時分就抵達了芝浦。然後我們又步行回到小石川，時間已經過了晚上十點。

到了九月七日，有關被服廠的慘事傳得越來越廣，我越發想去現場看看。六日，我見到了因為擔心我而從信州趕來的三哥，又收拾了地震中震落的屋面瓦。鎌倉之行的疲勞已經完全沒有了。七日早上，信州來的哥哥做了飯團，我和哥哥還有《創作》雜誌的同伴田島務三一起去了被服廠廢墟。來到大川河邊的時候，還能看見岸邊漂浮著許多分不清性別的屍體。能清楚地看到屍體上沒有穿衣服、燒焦的皮膚已經被水泡得腫起來。

接近被服廠廢墟的時候，空氣中瀰漫著一股異臭。廣場上躺滿了屍體。廣場的圍牆有幾個入口，想必是人們拼命想從裏面跑出來，最後還是倒在了那裏，後面的人想跨過去，可又倒了下來，壓在前面的人的身上，屍體的高度看起來足足有三米多。廣場上死去的人們都拿著行李。我想當時空氣應該是被大火烤熱，形成氣旋和龍捲，籠罩著廣場，人們爭先恐後地在逃命。有幾個人走在躺滿屍體的廣場上，可能是在尋找親人吧。當兵的正在扔柴火，澆石油，準備就地將屍體焚燒。據説這裏的死者有三萬四千人。我的手記中寫道：「至誠堂的汽車也在運柴火。」至誠堂是當時最大的圖書經銷商之一。

我們坐在國技館的石階上吃了飯團。由於強烈的臭味，哥哥和田島吃不下去，而我則沒事。

這是千載難逢的遭遇，我是這麼想的，也是對自己這麼説的，無論什麼都想貪婪地去體驗、去見聞。這就是一個二十歲青年的傲慢。不過我在手記中又寫下這樣一段話：「晨霧在四周漂浮，走在霧中臉上和衣服上很快就濕了。霧中傳來了蟋蟀的鳴叫。秋天造訪了東京，晨霧美麗地包裹著荒涼的城市。」

13

大正十二（一九二三）年關東大地震之前，最暢銷的書籍要數倉田百三的《出家與其弟子》了。這本書首次發行是在大正六（一九一七）年六月，倉田當時還沒什麼名氣，而且因為肺結核臥病在床。岩波讀了他的手稿，十分欽佩，當即決定出版。他說：「把無名的人介紹給世人是我的義務。」因為這部作品，倉田很快成為了有名的作家，擁有很多讀者。大正九（一九二〇）年，岩波為他出版了《不唱歌的人》，第二年又出版了《愛與認識的出發》。後來倉田得到了更多讀者的喜愛，健康狀況也有所恢復。

那時候，包括賀川豐彥的作品《越過死亡線》在內，江原小彌太、島田清次郎、西田天香等人的作品都是暢銷書。

大地震給出版界也帶來了很大打擊。據說菊池寬當時曾講過類似於「文學已經無用」

的話，然而事情完全相反。出版社的活動停止後，人們卻表現出了對書籍的高漲熱情。地震後，「重建」一詞經常被人們使用，出版界也以迅猛勢頭得到了恢復。

岩波書店除了小石川的岩波宅，其餘都在大火中燒毀了。岩波茂雄一下子燃起了鬥志，騎上幸存的唯一一輛自行車，為了實現新的計劃到處奔走。

小石川的岩波宅成了臨時辦公室，我們店員都到那裏去工作了。神保町被大火燒毀的書店廢墟很快就清理完了，在原地開始搭建臨時的木板房。我們與岩波一道鼓足幹勁，拼命工作。岩波書店被燒毀的建築不止一處，清理工作花費了幾天。有一天，我在營業部的廢墟上踩到玻璃碎片受了傷，岩波讓我到他在鎌倉的家裏去休養一段時間。

地震那年的深秋，我在鎌倉住了近二十天。腳傷逐漸痊癒，能走動了。那時，白樺派的長與善郎也住在鎌倉。他在扇谷的家因地震倒塌，不得不臨時寄居在由比濱的朋友的別墅裏。我之前見過長與，所以找個時間去拜訪了他。長與平時表情很嚴肅，不過對喜歡的人還是很和藹的。夫人茂子出生於長野，是一個很美麗、很開朗的人。後來一到下午，我就去長與家玩，還在那吃晚飯。

岸田劉生在鵠沼遇到地震，之後搬到了關西。而長與家則有很多人到訪，使我有機會接觸到一些藝術家。

有一句話，叫「火災後的興旺」。地震後的出版界正是如此，各個出版社都呈現出一派繁榮景象。

臨時木板房建成後，店員中負責營業的人便回到了神保町，在那裏工作、做飯和住宿。四周的廢墟上房子還很少，顯得十分荒涼。不久進入了晚秋，冬天很快就來了。所謂臨時木板房其實是很簡陋的，要在沒有玻璃的窗戶上貼上紙以抵禦寒風。

地震讓我經歷了很多。因為同人雜誌《創作》的九月號在地震中燒掉，不得已停刊，我對文學的熱情也自然降溫了。書店的工作很忙，我們總覺得時間不夠用。

大正十三（一九二四）年我做了營業主任。一個二十到二十一歲的青年，肩負起了岩波書店的營業——雖然只是批發部——的責任。當時圖書的大經銷商主要有東京堂、北隆館、東海堂、至誠堂，這四家掌握了圖書配售的實權。大經銷商在出版社和零售書店之間，隨心所欲地操縱兩者。雖說當時岩波書店作為新興出版社逐步為人們所認可，但實力還只是中等水平，因此在處理與大經銷商之間的交易關係時，總是很棘手。我總是與經銷商們爭吵，希望能堅持我們自己的想法，哪怕是只有一步甚至是半步的進展，我也會努力爭取。關鍵是要讓經銷商們知道如果不銷售岩波的書的話，他們的生意就很難開展。岩波茂雄從一開始就是站在作者和讀者的立場上去爭取，對那些蠻橫的交易做法從不妥協。這個時期，我也體會到如果違心地做出妥協的話，會給自己帶來怎樣不好的結果。

地震的創傷看上去很快就恢復了。這年秋天，岩波書店對同業者進行了特賣活動。那是一項很繁重的工作，每天從早上一直忙到半夜，我累得精疲力盡。這項工作終於在十一月初做完了，我對岩波提出希望能休息幾天，他同意了。他提議我和他出去遠足，我們便去了富士山腳下。後來我與岩波一起旅行過幾次，但這次小旅行對我來説是第一次，印象深刻。

富士山腳下的原野充滿了晚秋的意境。我們第一天住在一個叫做小沼的小村莊裏，第二天住在三峠的山上小屋裏，第三天則住在了精進湖畔的旅館裏。這個旅館在當時是為數不多的西式旅館。與在東京工作時不同，這時的岩波和藹可親，對還不太習慣旅行的我十分照顧。

那次旅行，我與岩波同行了四晚五天，與岩波分手後我又去了伊豆，住在了熱海伊豆山附近海岸的旅館裏。在前一年大地震中受到重創的伊豆溫泉聖地到處都很蕭條。我住的旅館裏還住了木匠。

那天半夜，我被波濤聲驚醒，躺在那靜靜地聽著。過了一會兒，突然發現周圍異常地黑暗。我努力地去看，什麼也看不清。昨晚睡前，我記得從門縫裏清楚地看到走廊的燈是亮著的。我十分不安，爬起身摸索著去按電燈開關，可是燈沒有亮。我的心裏怦怦跳個不停，不安終於爆發了。我倒在睡鋪上，在黑暗中睜大眼睛，努力地看著周圍。可是就連手在眼前晃動我都完全看不清楚。

我眼睛突然看不見了！一邊聽著波濤聲，我一邊考慮著明天請岩波從東京過來一趟。我相信他一定會來。然而，隨著時間一分一秒地過去，內心的悲傷在不斷增加，我怎麼也睡不著，站起來走到走廊，推了推雨窗，沒能打開。我發瘋似地走在走廊上，突然發現了別的亮光。我走近亮光，向外凝望。伊豆的海面隱約能看見拂曉的亮光。第二天早上我問別人才知道，原來那一帶昨晚停電了。到現在，我也很奇怪為什麼當時會以為自己眼睛看不見，那一夜不尋常的經歷一直留在了我的記憶中。那也是我第一次深深體味到何謂不安。

14

無論什麼生意，只要去做，就必須要在那個行業成為專家。這也許是再簡單不過的道理，然而年輕時人們往往沒有深入思考過這個問題。年輕人一般都認為自己的工作很無聊，即便覺得工作有意思、有意義，也經常會被別的事物所吸引和誘惑，很難靜下心來學習。

一個人要完全掌握一種工作技能，擁有過人的能力並不是一件很容易的事。正因為不容易，所以如果能做到的話，無論什麼時候都可以安心和自信地走好自己的路。

就出版工作而言，印刷交給印刷公司做，裝訂由裝訂公司負責，材料則是從各個專業公司採購，似乎不需要怎麼學習。確實，有時候也會把作者的原稿直接交給印刷所，由他們全權負責出書的各道程序。但這樣出版的書是體現不出出版者的特點的。只有將印刷、裝訂、紙張、用料等相關知識集於一體，才能出版一本好書。如果出版者沒有紮實的知識儲備的話，到末了只能依靠別人，或是做出錯誤的決定，這樣出版的書是毫無可看性的。

所以，從這個意義上講，今天我們在書店裏看到的絕大多數書籍，可以說都是那些不去認真學習出版的人們做出來的。

岩波茂雄在出版業原本是個門外漢，但經他手出版的所有書籍，不論是在內容還是在製書方面，都體現出他追求完美的知識造詣。

大正十四（一九二五）年，我二十二歲的時候，從營業部調到了出版部。在岩波書店，出版部是專門負責從接收原稿到出版成書的所有業務的部門。

在此之前，對於出書我只是一個旁觀者，當我真正從事這個工作的時候，沒想到會那麼複雜。與此同時，也體會到一種進入未知世界的快樂。

儘管這樣，後來我還是時常覺得這一時期我要是再認真多學一點就好了。

市面上也有一些關於出版的指導書籍，詳細記述了很多我們所不知道的事情。不過，冷靜地讀一讀的話，很容易就能看出這些書不是一個搞出版的人根據自己的體驗所寫的，如果深入分析一下，就可知道其內容是多麼抽象。首先，這些書的作者他們的知識是有限的，其次，包括出版在內任何領域都在不斷進步，這些書並不能很好幫助我們去瞭解每一個進步。不過，任何事情都有其原理，我們有必要去盡早瞭解。如果掌握了這些原理，一些小問題就可以迎刃而解了。同時我們也需要事必躬親。話又說回來，即便工作時間再長，如果不上心的話，那是肯定培養不了真正的能力的。

我雖然是這麼想的，但是回首過去，我真的不能算是一個勤奮學習的人，這一點還是給我留下了遺憾的。

儘管這樣，我在出版部工作期間，還是學到了很多東西。那時候，雖然岩波本人基本不直接負責店裏事務，也不太對店員進行具體指導，但他在批評我們的工作的時候卻非常厲害，大有寸鐵殺人之氣勢。岩波的這種做法深深地影響著我。

岩波曾經當過女子學校的老師，因為害怕誤人子弟，所以就去經營舊書店，不久便成了出版業者。他曾經教過的學生始終很仰慕老師。岩波是四月二十五日去世的，每年這個日子都要在鎌倉東慶寺舉行法事。岩波去世已經有二十八年了，他所教過的學生中還健在的，每年必定會有人來參加法事。看著那些年近八旬的老年女性，我深深地感受到歲月的流逝是多麼地快！我認為岩波是一個真正的教育者。

我在出版部工作期間也經歷了各種各樣的失敗，都是平時的疏忽大意導致的。要出版一本書需要做很多工作。哪怕是忘記了一件，都無法完成出版。要想在預定日期出版書籍，必須做到毫無疏漏。為此，我們行事要考慮在先，並且隨時要檢查是否有疏漏之處。這是我在反覆失敗和反省中積累的心得。

前面我也提到過，我是大正九（一九二〇）年進入岩波書店工作的。這之後的五年間，店員人數增加了不少，其中大部分還是像我這樣自少年時起就加入的年輕店員，但成年店員的人數也在逐漸增加。

我生來就喜歡喝酒，到東京後喝酒的機會和酒量都變多了。我還胡亂地讀了一些晦澀難懂的書。現在回想起來，這個時期我亂雜淺薄的閱讀可能給我的人生帶來了害處。因為我沒有養成通過仔細閱讀去真正理解的好習慣，這一點很不幸。就像酷愛甜食的人如果進入糖果店工作，剛開始也許能吃到很多糖果，但不久就會吃厭一樣，喜歡閱讀的人在書店工作也許也會慢慢地疏於閱讀。更何況我當時的閱讀還很膚淺。

店裏比自己年長的人多了起來，我與他們也經常喝酒。他們當中有些人喝醉了邀我去買春。不過當時的我更愛喝酒，沒有去過風月場所。

這一年我第一次見到了羽仁五郎。那時候他還叫森五郎，住在牛込東五軒町的森家。岩波出版了他翻譯的貝奈戴托·克羅齊《歷史敘述的理論和歷史》一書，具體事務就是由我負責的。五郎當時剛從德國回國，是一個年輕活潑的貴公子。

不久後五郎與羽仁說子結婚，改名為羽仁五郎。他們的婚禮在目白的自由學園舉行，我與岩波茂雄一同應邀參加，三宅雪嶺、大內兵衛等人致了賀詞。

當時我只是出版社的一個小員工，而且與羽仁認識時間尚短，不知為什麼能作為他的朋友出席婚禮。但是現在回想起來，我與羽仁的結識確實有點不可思議。

當時負責岩波書店編輯工作的只有店主岩波一人，出書過程中的一些具體交涉工作都是由出版部人員負責。因此，回想一下我在大正十四（一九二五）年接觸的作家的話，會有很多人浮現在腦海裏。比如，兼常清佐、倉田百三、瀧本誠一、那須皓、東畑精一、小泉信三、島木赤彥、林久男、中勘助、藤原咲平、長與善郎等等。

15

之前提到，關東大地震後我在鐮倉小住的時候，與長與善郎有過親密交往。後來，每到星期日，我就與當時已在東京的小學執教的松川伊勢雄老師去長與家玩。長與一家非常歡迎我們，沒有任何厭煩，總是留我們吃晚飯。這對我們來說好像理所當然似的。

那時候，《白樺》雜誌已經停刊很久，原班人馬後來又發行了《不二》雜誌。長與在新雜誌上連載了長篇小說《一個叫竹澤先生的人》。我入迷地讀著這部小說，在連載結束前央求岩波，希望能由岩波書店出版這部小說。可是，岩波怎麼也不點頭，我沒有放棄，堅持己見，終於得到了岩波的同意。

作為這本書的負責人員，我也幫忙做了一些平時不太熟悉的校對。為書撰寫廣告語是一件不輕鬆的工作。明知困難，我還是努力地去為《竹澤先生》寫廣告語。

書出版後不久，京都大學的田邊元給岩波寫了一封信。信裏熱讚《竹澤先生》是本非常優秀的小說，又說不知廣告語是誰寫的，寫得非常好。岩波讓我看了那封信，問我廣告語是誰寫的。

不久之後，武者小路從日向新村來到了東京，藉著這個時機，《竹澤先生》的出版慶祝會在上野公園的常盤舉行。長與讓我和松川也參加了慶祝會。

長與、武者小路、岸田劉生、柳宗悅、犬養健、八幡關太郎等人出席了慶祝會。我十分興奮，喝得酩酊大醉，唯一記得的就是岸田只穿著一條內褲模仿仁王的情景。岸田又白又胖，由於喝了很多酒，全身通紅。他把香煙插在耳鼻口裏再擺出姿勢，儼然一個仁王。我喝多了在那撒酒瘋，岸田說這傢伙真煩人。

武者小路不喝酒。遭到岸田的厭煩，我便又轉向武者小路去撒歡。過了一會兒，武者小路實在受不了便逃也似地回去了。喝得大醉的我在回去途中又和別人吵了架。第二天早上，回想起前一天晚上的事，我非常厭惡自己，特別悔恨的是，令武者小路實在忍受不了我撒酒瘋不得不提前離席。

一想起這件事，我就很鬱悶。但有一天我收到了武者小路從新村寄來的明信片。上面寫著，他前幾天在長與小說的出版慶祝會上見到了我，很有好感。

我在大正十五（一九二六）年的記事本上寫道，一月二十八日，岩波茂雄帶著我拜訪了住在大森的倉田百三。當時倉田正臥病在床。他的家很小，緊鄰玄關的屋子裏有一張床。倉田說，他現在很關注勞動者的問題，那些勞動者時常圍坐在他的床邊一起交談。近期他還要出版一本名叫《生活者》的雜誌。倉田的臉淺黑但卻露出堅毅的表情。寫到這裏，我想簡單說說倉田。

倉田有幾本書十分暢銷，收入頗豐。他花錢大手大腳，但很關注社會主義和勞動者的問題。他在雜誌上也花了很多錢。後來他逐漸變成了日本主義者，與右翼那幫人有所往來。身體康復後，他告別了長期的臥床生活，開始喝起酒來。我和他吃過兩、三次飯。看到他大口喝酒，我十分擔心。久而久之，他與岩波茂雄也逐漸疏遠了。

我曾在《圖書》雜誌上匿名寫過《編者回想錄》，其中有一篇題為《倉田百三》的。我介紹了昭和十一（一九三六）年八月十一日倉田寫給岩波的一封信。倉田在信裏對已與他絕交很久的岩波祝賀其義女結婚表達了感謝，寫道：不近情理的自己沒有資格接受這番好意，看到兄長的賀信我楞在了那裏。過去的一幕幕往事浮現在眼前，讓我感慨人生之無常。現在的我已經是一貧如洗，非常後悔當年的無度揮霍。雖然自己是日本主義者，但還是不適合從事政治運動，晚年想多做些好事。

文章是我讀了倉田的來信後寫的，但那封信的原件現在在哪兒我也不知道了。倉田是昭和十八（一九四三）年去世的，享年五十二歲。時至今日，倉田所著《出家與其弟子》一書也很受年輕人歡迎，我想那個年代讀過這本書的人們也應該很懷念倉田晚年生活的點點滴滴，所以就在此多寫了幾句。

島木赤彥是大正十五（一九二六）年三月二十七日去世的。那年年初，岩波告訴我赤彥得了癌症，將不久於人世，這使我備受打擊。後來赤彥在《改造》雜誌上發表了他在病中創作的優美而又悲傷的詩歌。我十分尊敬堅定走自己路的赤彥，他所創作的一些詩歌我都能背誦下來。其中一首是：

「面對心靈的疲憊，珍視自己的健康，回到山邊的小屋，靜靜地睡去。」

七月中旬以後，岩波帶著我和長田幹雄登了赤石岳。這是我第一次攀登三千米以上的高山。現在的國鐵飯田線在那時候叫伊那電。我們在上片桐站下電車，然後請求鐵路貨車載我們一程，傍晚時分，來到了山腳下的大鹿村。第二天凌晨三點我們準備出發，可前一天晚上約好的三個嚮導兼挑夫怎麼等也不來，性急的岩波大發脾氣，我們沒再等便自己上路了。我帶上了自己的背囊，可是岩波他們兩人卻把背囊留給了挑夫，只拿了登山手杖。那天傍晚我們來到了赤石山頂附近的一間小屋，挑夫最終還是沒有來。不久山上下起大暴雨，我們寸步難行，只能留在小屋裏。我們沒有任何食物，只好用飯盒從屋外取來殘雪，融化後用來解渴。小屋裏當時正好有五、六個來自下伊那的青年人，他們很同情我們，拿出了吃剩的飯菜。那一晚我們過得忐忑不安。到了第二天早上，雨過天晴，一切都平靜下來，根本難以想像昨晚有過暴風雨。我們擔心的三個挑夫躲在了離小屋僅僅一百來米的伏松林中，撐起帶來的帳篷一直等到天亮雨停。

第二天我們在赤石附近悠閒地遊覽，第三天黎明踏上歸途，路過荒川東岳，翻越三伏峠，晚上回到了大鹿村。岩波對挑夫們遲到一事十分惱火，在回程中完全無視他們的存在，雙方十分對立。為了緩和他們的關係，我煞費苦心。總之，這時登山的樂趣給我留下了很深的印象。

在出版部工作的時候，我接觸作家的機會也多起來。前一年，芥川龍之介介紹柴山武矩到店裏從事編輯工作。柴山畢業於早稻田大學文學部，是一個和歌詩人，師從於若山牧水。柴山酒量很大，我們很快成為好朋友，每晚都出去喝酒。可是他在那一年就辭職不幹了，於是我就接替他做起了編輯工作。

16

我經常提到自己喝酒，在這裏必須要交代酒錢的出處。大正九（一九二〇）年我入店工作時，每月薪水是二點五日元，第二年漲了一日元。接受徵兵檢查後的第二年，每月拿到三十日元。我依然是免費寄宿在店裏，還供應伙食，所以三十日元的薪水全都成了零花錢，而且到了盂蘭盆節和年底還有獎金。當時酒價是一合（零點一升）十錢左右，所以我有足夠的錢去關東煮店喝酒。此外，還經常有朋友和哥哥們請我喝酒。

柴山武矩辭職後，負責編輯工作的只有我一人。每天我跟著岩波四處拜訪作者，主要是坐電車和公共汽車。岩波走路很快，我需要小跑才能跟上他。

我一個人去拜訪作者的時候，岩波每次都會在他的名片上寫上「店員小林勇前往拜訪，請撥冗接見為盼」讓我帶上。二十三歲的我到作者家按響門鈴的時候，心情非常緊張，嘴裏反覆練習寒暄語。

那時的我沒有想過與人相識，特別是與優秀的人相識會給自己帶來多大的收穫，只是覺得我見到的都是比自己優秀的人，對拜訪作者的工作沒有絲毫厭煩。

我第一次一個人去拜訪的作者是東京帝國大學法學部教授末弘嚴太郎，當時是去催促《民法入門》一書的稿子。

拜訪幸田露伴那次主要是去催促雜誌《思想》的稿子。露伴當時住在小石川表町，一個名叫傳通院前的電車站附近巷子的二軒長屋[2]裏。我記得我去的時候是上午十點。進入玄關後，他夫人把我讓到了院子裏。說是院子，也只是在巷子裏用木板隔出來的狹小空間。

露伴從玄關旁的廁所走出來，拉開我身前的玻璃門，用洗手盆裏的水洗了洗手。他滿不高興地說稿子還沒寫好，然後就上了二樓。就在那時，露伴的夫人一邊說著「谷崎先生來了」，一邊上了二樓。谷崎潤一郎從我面前走過也上了樓梯。

當初把我帶到岩波書店的大哥在三省堂的字典編完後，又到了都新聞社，後來又從事一本名叫《國粹》的雜誌的編輯工作，自己還經營了一本《盆景》雜誌。我的這個哥哥不知什麼時候起經常到露伴家走動。露伴家從向島搬到小石川表町後，他唯一的兒子成豐不幸死在了鎌倉的醫院裏。葬禮結束後的一個晚上，我跟著大哥去他家裏弔喪。那次露伴請我們上了二樓，還拿出酒來招待我們。哥哥與他一直談到很晚。

在我作為編輯人員拜訪露伴之前有過上述一段插曲。

露伴對我來說是最重要的人物。昭和三十一（一九五六）年，我在岩波書店出版了《蝸牛庵訪問記——露伴先生的晚年》一書，那裏面大致記述了露伴與我的關係。可是如果因為已有前稿而不在這裏提及露伴的話，我會覺得有點奇怪。因此，我打算接下來想用不

---

2 長屋是日本住宅建築的一種，幾間平房以橫向並列，玄關各自獨立，但相鄰的住户之間共用一道牆壁。二軒即是有兩户人家連接，三軒即是三户，如此類推。

同於該書的視角去描寫露伴。

大正十五（一九二六）年應該是日本出版史上值得記載的一年。

大正八（一九一九）年山本實彥創立的「改造社」不僅從事雜誌，還同時從事出版經營。在創立改造社之前，山本做過各種事。在創刊《改造》雜誌後，他開始標榜新的理念，用現在的話講，叫提倡進步立場。山本是當時出版界中與眾不同的人，工作作風十分大膽。因為他在出版界還算新手，所以為了與老字號《中央公論》競爭，做了很多令人瞠目的事情。比如，他一直在包裹放著用報紙裹著的成疊鈔票，並故意讓撰稿人瞄到。

其實，山本是一個出版界的外行，對經營毫無經驗，再加上當時經濟嚴重不景氣，剛剛創立不久的改造社在經濟上很快就陷入了困境。

昭和九（一九三四）年，山本實彥在《改造》上發表了名為《十五年》的回憶文章，裏面有這樣一段：「在大正十二（一九二三）年九月一日關東大地震的火災中，東京的很多書籍都被燒毀，收集舊書變得十分困難。好書一般都被有錢人收去了，一般老百姓根本看不到。所以我就醞釀出版一日元書。要做就做精品，我把目標聚焦到從明治到大正的文學集大成的作品上，後來出版了《現代日本文學全集》。這套書單從篇幅看一冊就有兩千張原稿紙，如果按照普通定價的話，至少要十日元，而我定價為一日元，可以說是天翻地覆之舉，整個出版界都為之震驚。」他又坦率地說：「當時我們的出版社經濟上正面臨困境，這套全集成敗與否對我們至關重要。所以整整兩星期，全社員工廢寢忘食，在芝愛宕下一丁目的原改造社舊址閉門不出，加班加點。」這套史無前例的廉價版《現代日本文學全集》取得了空前優異的出版業績，山本實彥一舉成為了出版界的英雄。

改造社的成功動搖了出版界，很快就開啓了「一日元書時代」。可以說，日本的出版從這個時候開始進入了大量生產、大規模宣傳的時代。

山本的一生充滿波折。昭和二十七（一九五二）年，他在懷才不遇中結束了六十七年的生涯。關於他還有很多要說的，在本書中暫且不提。

受到山本開創的一日元書的帶動，後來業界陸陸續續發行了很多什麼什麼全集，當中難免會有很多粗製濫造、備受詬病的。而且很多人對把那些七拼八湊起來的書叫做「全集」也頗有微詞。然而，終究寡不敵眾，「全集」這一奇怪的叫法逐漸紮根，一直被沿用到今天。

那時幾乎沒有一家出版社不考慮發行一日元書，但是靠此盈利的出版社則為數不多。一日元的定價完全沒有考慮成本核算，為此出版社只有大量印刷，大肆宣傳，以確保書籍的銷路。比如，「全集」的預約截止日那天，全國各個城市的圖書零售商會開著汽車在街上用大喇叭到處宣傳。這個費用當然要由出版社負擔。也就是在這個時期，出版業的廣告中出現了吹拉彈唱等街頭宣傳。在報紙上用一頁或兩頁版面打出精美廣告促銷圖書的做法也是在一日元書出現以後。

這種瘋狂的做法倒是收到了擴大讀者人口的效果。然而不久後這股熱潮漸漸平息，好幾家出版社也隨之破產。

岩波書店好像身處這場騷動之外，其實不然。因為但凡從事出版工作的，都不可能是超時代的。

第四章

一日元書和岩波文庫

17

「一日元書」風靡一時的時候，岩波書店在做些什麼呢？在店裏負責編輯工作的我又在做什麼呢？一個人在事後回想或者敘述以前的事時，很容易只選一些好的事情，但現實並非如此。

大正十五（一九二六）年的時候我才二十三歲，一個沒什麼學問的年輕人是不可能有思考的能力的。

當時岩波茂雄很著急，因為他對山本實彥的做法一向持批判態度，但據説那些接觸過山本的作者們都不由得被山本粗獷而又有人情味的性格所吸引，這種感覺令岩波不太高興。

山本在報紙上用一整頁版面刊登《現代日本文學全集》等書籍廣告的時候，岩波看了十分激動，批評説這樣東拼西湊的東西還敢叫全集？岩波對山本的很多做法很不滿，比如在圓圈裏寫著大大的一日元的設計。可是無論岩波怎麼批判，讀者們還是對山本趨之若鶩，別的出版社也紛紛追隨效仿。當然岩波也不可能無所事事，他找朋友們商量，拿出了幾個方案。可是就在岩波慎重研究方案的時候，其他出版社很快也制定出了類似方案，並發行了相關書籍。對當時的岩波書店來説，比如策劃一套有幾十冊的世界古典名著叢書，然後每月發行一冊這樣的做法是不可能接受的。岩波茂雄的這種焦慮一直從大正時代持續到昭和二（一九二七）年。那一年的夏天《岩波文庫》正式發行了。

世間對《岩波文庫》的情況已經有所瞭解，所以關於文庫的策劃在這裏我就不詳細敘述了。而且直到現在也登載在岩波文庫卷末的題為《寄語讀者——值此岩波文庫發刊之際》的宣言中，也表達了岩波當時的心境及發行文庫的意圖。更有意思的是，已經過去了近半個世紀的歲月，但這一宣言仍然充滿生命力，給現代的人們以啓示。再說得尖銳一點，就是那個時代的出版界比現在要認真和健康得多。那個時代是出版業大量生產的起點，有特殊的時代意義。然而此後卻像滾雪球似的，大量生產的弊端盡顯無餘，一直走到了今天。

可以說《岩波文庫》的問世，反映出反感一日元書而沒能跟上流行的岩波的窘迫境地。昭和二（一九二七）年年初，發行文庫的計劃確定下來後，我比以前更忙了。岩波一般在事情最開始時很上心，但一旦做起來就經常交給別人了。在發行文庫這件事上也是如此。剛開始時岩波充滿熱情，可是中途由於書店的經理不太積極，所以他的態度也逐漸冷淡下來。一個人負責編輯工作的我對此十分生氣，不再與岩波說話了。那時的我並沒有理解到發行文庫是件很了不起的工作，而且也不知道這個生意的前景如何。我當時每天拼命工作，想的就是多做點普及古典作品的事情。長田幹雄是我的工作搭檔。

我如此專注工作，是因為喜歡工作，同時也是出於我與岩波吵架的倔強。

在出版社工作的人，並不是所有人都掌握各種知識，其實很多人什麼也不知道。有人會提出疑問，那麼要出版的書是怎麼選擇的呢？這就涉及出版者人品的問題了。一個出版者必須要謙虛和誠實，要時刻記住做一個有益於社會進步的人，不能去追求利益。如果遵循這些基本原則的話，那麼即使自己沒有知識和學識，別人也會幫助自己。只要有獲得並落實朋友有益意見的能力，那就有可能在各個領域結交優秀的專家顧問。

岩波茂雄就是這樣的一個人。我從年輕時就隱隱約約地這麼認為。

在計劃發行岩波文庫的時候，我們的工作班子得到了一個人強有力的智慧支持。這個人就是新露頭角的哲學家三木清[1]。

三木清住在京都，那一年春天來到東京擔任法政大學的教授。三木給當時的日本哲學界帶來了馬克思主義的新風，在年輕人當中有很多崇拜者。

---

1 三木清（一八九七—一九四五），日本哲學家，京都大學哲學科畢業。主要著作有《歷史哲學》、《構想力的論理》等。

三木來到東京的時候，西田幾多郎給岩波寫了信。信中說三木在東京生活，光靠法政大學的那點薪水會十分艱難，希望能給他些資助。因為岩波已經非常瞭解三木的能力，所以馬上答應了西田的要求。三木的第一本書《人類學研究的帕斯卡》就是前一年由岩波書店出版的。

岩波茂雄讓我看了西田的來信，說以後關於出版可以多聽聽三木的意見，他已經到了東京，叫我去見見他。三木到東京後住在本鄉菊坂的菊富士旅館。這家旅館位於從本鄉三丁目去往法政大學紅門方向的馬路左邊，主要經營出租公寓業務。由於旅館地勢較高，俯瞰春日町方向，所以能清楚地看到富士山。廣津和郎、宇野浩二以及其他一些文學家也租住在這家旅館，或者在這裏擁有工作室。三木住在三樓東北角的一間屋子裏。

我與三木一見如故，成為了好朋友。他與我之前見到的學者是不同類型的人。三木總的來說是一個沉默寡言的人，如果對方不說話，他也會沉默。他身材高大、膚色偏黑、頭髮濃密，給人難以接近和結交的感覺。我之所以與他關係很親密，可能是因為我主動向三木傳達了善意吧。

岩波吩咐我向三木多請教關於出版方面的意見，於是三木就成了書店的編輯顧問之一。只要我向他請教，他都會條理清楚地解答，其學識之深、涉獵之廣令我驚訝。他的解釋和批評既富有新意，又十分貼切。三木對我來說是一個充滿魅力的人，他十分瞭解那些老專家、老前輩們的本領，說起來毫不客氣。

三木的出現使岩波書店充滿了活力。因為正值《岩波文庫》出版前夕，所以他成了最可靠的請教對象。三木從不擺架子，哪怕我們求助時很急躁，他也不顯出半點厭煩。比如，有時候我們很著急，希望他判斷一下某本譯書的翻譯好與壞，他一小時左右就會給我們結論。雖然在自然科學方面他一般不發表評論，但我們請教太極論的時候，他也談過意見。我們的工作班子裏從此有了一個優秀的全能選手。

三木不像我這麼喜歡喝酒，但酒量卻很大。我們很快成為好朋友也要歸功於一起喝酒。我們都很年輕，而且單身。我一喝醉酒就想見三木，給他打電話。三木不管什麼時候都會來見我。

18

「一日元書」這叫法的由來是因為當時出租車的車費都是一日元。它的出現是日本出版史上劃時代的事件，緊隨其後發行的《岩波文庫》同樣也可以說是一個大事件。

在《岩波文庫》之前，曾經有過一套類似的普及版叢書叫《赤城叢書》。這套叢書好像沒有發行到一百冊便停發了。《赤城叢書》裏面收入了很多內容，但一些內容較多的，只是作了概要性介紹。而《岩波文庫》則是旨在以完整的形式普及古典作品，體現了岩波茂雄的遠見卓識，與之後發行的很多文庫本有著很大不同。岩波說不能因為書的價格低廉而粗製濫造，我們在書的內容還有裝訂方面都下了很大力氣。

前面我提到，岩波中途對這項工作的態度有點冷淡。不過如果他真的是一直冷淡下去的話，這樣一個出色的計劃恐怕會以失敗告終吧。

每天精神抖擻的我根本沒有去深入考慮過這些，只是不顧一切地拼命工作。那期間沒有一次是在十二點前回宿舍睡覺的。當然，我也經常夜深以後跑出去喝酒。

工作做完的時候，也是我們喝酒和放鬆的時候。以前我即便喝酒也沒出去玩過，但在從事文庫編輯工作期間，有一個晚上朋友帶著我去了風月場所。

《岩波文庫》從策劃到發售僅僅只有半年，在這很短的時間內我們終於完成了包括《萬葉集》在內的首批三十一冊圖書的發行。

後來我曾寫過《岩波文庫略史》一本小冊子，在這裏我想沒有必要再重複類似內容，所以具體就不提了。但不能否認的是，全身心參與文庫發行工作的這段經歷，在我作為出版者的生涯中具有重要意義。

普及古典著作並非如說的那樣容易。經歷了千載風霜而存世的人類瑰寶，不可能與那些趕寫出來的、獻媚讀者的小說同日而語。社會上是不可能有很多人熱衷於傳統經典的東西的。而岩波文庫的原則卻是，即便需求不多，但如果確是古典作品，必須要列入文庫發行。

制定好計劃後就是選擇書目，如果都是些需要重新翻譯或者校訂的書的話，可能會影響發行進度。於是我們會從既有的書籍中挖掘出那些沉睡的佳作，或與其他出版社交涉將其出版的書籍納入岩波文庫。這個工作說起來好像就兩三句話，但現實當中卻經常遇到怎麼也說服不了作者，或者不經過反覆耐心交涉就很難成功的遭遇。不僅如此，因為我們從事的是一種全新形式的出版，所以作者們也有一些不安。

作為唯一負責編輯工作的店員，我夜以繼日地忙前跑後，沒有一刻休息。關於那時候的回憶，現在就像雲彩一樣在我心中湧動，在這裏不可能一一敘述，我想選其中一個故事介紹一下。

我們在選擇列入文庫的書籍時，要求外國作品必須有好的譯文。現在市面上有很多優秀的外國古典作品的翻譯，但五十年前並不是這樣。所以我們在選擇文學作品時重點會選日本的作品。其中就有藤村的詩集，不過春陽堂已經出版過這本詩集，並買斷了著作權。

我決心已下，在一個早上拜訪了春陽堂的店主和田利彥。春陽堂為了對抗改造社的《現代日本文學全集》而發行了《明治大正文學全集》，那時正是雙方競爭最激烈的時候。我向和田提出，希望他同意我們把藤村詩集以及其他春陽堂擁有版權的七、八本著作，放入正在全新策劃的《岩波文庫》中。和田人很好，但性格有些懦弱。他對我這個魯莽的要求避而不答，而是説現在正疲於應付與改造社的競爭，我所提出的幾本書都是由春陽堂壟斷的、很有力的競爭武器，如果讓給我的話會很難辦。不過和田後來還是答應讓給我們一本書的版權，説：「不能讓你白跑一趟，這樣你應該能交差了吧！」

當然，和田沒有把藤村詩集的版權給我，我便想直接和藤村談話。藤村當時住在麻布狸穴的谷底，以前我曾去拜訪過。每次我去的時候，藤村都走出來坐在玄關那兒見我，沒辦法我只好坐在台階上説事情。藤村只給我一點時間，為了不讓我多説，他總會説「那麼就這樣吧」，然後轉身走回屋裏，真是令人鬱悶。另外，藤村與孩子們以及老保母住在一起。

我從一開始就知道，要讓藤村答應我們出版詩集是很困難的。因為他在留洋的時候以五十日元的價格把版權賣給了春陽堂，他現在已經不擁有版權了。不過，如果有與藤村慢慢商量的機會的話，也許還能找到解決辦法。

有一天，我下決心無論如何也要進到藤村家，順著坡道來到了他家所在的谷底。到了屋外，我解開了鞋帶。同以往一樣，我把名片遞給老保母後，她便進屋去通報了。趁著她去通報的工夫，我進了屋向藤村必經的走廊走去。從裏屋出來的藤村看到我站在那裏，瞬間露出驚訝之色，緊接著無可奈何地說了聲「這邊請」，把我讓進了裏屋。

關於詩集，藤村對春陽堂是有不滿的，抱怨道：「詩集每年都能賣兩萬冊，可我只是最初拿了五十日元。」我跟他交談之後，想到了一個辦法。聊了一個多小時後，我說，要不咱們不叫「詩集」，叫「詩抄」吧，而且是作者的「自選」。因為編輯新的詩抄完全是原作者的自由。藤村逐漸興奮起來，最終答應讓我出版詩抄。我覺得機不可失，提出希望他把詩集的原稿先給我。於是藤村取出詩集，用力扯下封面，撕開裝訂線，分成三、四分，並把之前一直覺得不太滿意的幾篇刪去。此外，藤村還親自用鋼筆修改了部分內容，還改變了前後順序。藤村修改的時候，我一直坐在一旁。修改完後，我拿著原稿向藤村告辭，並請他盡量把自選詩抄的序文寫得長一點。我興奮地跳著走上通往電車站的坡道，在車站附近遇到了音樂評論家兼常清佐，他還問我有什麼高興的事。當晚，岩波請我到烤雞店喝酒。

自選的《藤村詩抄》發行後，春陽堂立刻提出了抗議。我對他們說，岩波書店沒什麼可說的，有什麼意見請對作者說。這件事也反映出了當時出版界的亂象。

19

我為自己能在出版界大動蕩的昭和初期擔任編輯工作深感慶幸，它為我結識許多學者、藝術家創造了機會。如果居家工作，自然失去不少認識文人雅士的機遇。主動出門走訪，機遇便紛至沓來。我成長在一個大家庭裏，家族成員都比我年長，雖然是在鄉下，但家裏來客甚多，這些都使我比較適應了和人打交道。我父親是個講究禮節的人，我在客人面前言行得體，從未出過差錯。因此，作為編輯去拜訪作者很快也就駕輕就熟了。順便提一句，最初拜訪作者時是岩波帶我步行去的，一路上很自然地教了我許多東西。岩波在拜訪學者時的態度非常謙卑恭敬，即使是對年輕的學者也十分敬重，那種真誠和熱情溢於言表。岩波絕不是個健談的人，但他遠離功利，頗具魅力。

但是，我從未想過要仿效岩波，深知仿效是不可及的。不經意間我就按自己的作風行事了。只是出於本能，我做到了信守承諾、不辭辛勞這兩點。這都是被父親教誨而養成的習慣，如果我打破這些習慣，真不知他老人家該多心痛。

另外，此時是我進入岩波書店工作的第五個年頭了，這期間我深受岩波茂雄的影響。

有時我會在作者家裏與其家人共餐。遇上作者家裏出了什麼不幸，我會立即趕過去不遺餘力地幫忙，長此以往便和作者們建立了家庭式的親密關係。但在禮節上卻絲毫沒有怠慢，特別是涉及到工作的時候，並沒因為關係親密、感情好而打折扣。能與眾多人才深交，這對我來說是多麼值得感恩的事啊！時至今日，尤讓我感慨萬千。

我和齋藤茂吉在青山精神病院他的那所燒剩的家中見面，是岩波帶我去的。浴室略加修繕便成了茂吉的書房，那時他把旅歐時的見聞寫成隨筆正頻繁地發表。初次見面，我便請求他把那些隨筆彙集成書出版，並徵得了他的同意。茂吉說：「短歌我還有些自信，隨筆我是一點兒自信也沒有了。」岩波說：「今天我是為了把小林介紹給您才把他帶來的，他卻跟您商定了出書的事，真是過意不去。」他們的這些話，我至今記憶猶新。

我和志賀直哉[2]是在戶倉溫泉的笹屋旅館見面的。我坐夜班車從上野出發，到達戶倉的時候是清晨時分。過千曲川的橋時，正值太陽即將升起之際，河面上籠罩著薄霧。志賀還沒睡醒，我就先訂好房間，泡了澡、吃了飯等他。

---

2 志賀直哉（一八八三—一九七一），日本「白樺派」代表作家之一。代表作有《在城崎》、《暗夜行路》等。

志賀友好地接待了我。他上來就問：「岩波先生他怎麼樣了？」我一提文庫的話題，他很專注地聽著，馬上就承諾把作品放進來。那時他的《暗夜行路》還沒寫完，但我們也商定好今後會放到文庫中出版。我忘不了那時志賀那清澈的眼眸和端莊的姿態。《暗夜行路》在昭和十三（一九三八）年由《岩波文庫》出版。

前文我也提到過，《岩波文庫》在昭和二（一九二七）年七月十日，首批發售了三十一冊。當書籍即將刊印完成時，岩波書店裏就格外充滿生氣。由於業務激增，店員的人數也就多起來，有記載的店員人數達六十四人。

《岩波文庫》創刊詞的原案是由三木清起草的。在這基礎上岩波又加註了批判出版界的內容。

負責文庫版本裝訂的是平福百穗，採用了正倉院的古鏡圖樣進行了繪製。最初是以大約每百頁為單位印一個星號，定價二十錢[3]。眾所周知，其版型和形式都是以德國的《雷克拉姆文庫》為藍本的。

書籍一經發售，急劇暢銷，反響也非常好。岩波特別高興，說這是自己企盼了十多年的事。

同年七月二十四日，芥川龍之介自殺。那時正是岩波要去登南阿爾卑斯山脈的時候，我們收到一封匿名電報——「芥川龍之介自殺身亡」。岩波因為與矢澤米三郎有約在先，按計劃去登山了。二十五日早晨，我前去芥川家弔唁。芥川的屍體還未入殮，安放在地板上。

之後岩波登山歸來，根據芥川的遺囑，得知了芥川授權岩波書店發行其作品全集。一日元書形式、文庫版本形式，出版界為之嘩然，爭相出版芥川的作品。在這樣的背景下，岩波書店開始著手發行芥川作品的全集。在此之前，並未和作家們有過太多牽扯的岩波書店，發生了很多預想不到的棘手之事。芥川故去後，我會見了菊池寬、久米正雄、小島政二郎、佐佐木茂索、泉鏡花、佐藤春夫、宇野浩二、久保田萬太郎、小穴隆一等人。還與芥川年幼的遺孤比呂志、多加志、也寸志及他們的母親見了面。

昭和二（一九二七）年的《岩波文庫》和芥川之事，使我們經歷了起伏跌宕的考驗。三木清和我以前所遇到的學者不同，在前文中我也提到過，我曾被他的魅力所征服。三木在和我喝酒、說笑時很開朗快活，但當他一個人伏案筆耕時，身影卻是孤獨難喻。三木是

3《岩波文庫》的書籍以星作為定價單位，一個星多少錢，然後以星的數量計算價錢。至於星的數量則以書的頁數決定。

言論界的名人，身邊常圍著成群的記者、年輕的學者及學生們。他貌似喧嘩張揚，實則是個非常勤奮用功的人。比如他和我即便喝酒喝到很晚，回家後必定會讀會兒書。不管發生什麼事，他必定一天抽出兩個小時以上的時間來讀書。

翻看記錄，在這一年岩波書店發行新刊一百四十八冊，不言而喻，這是創業以來的首次。那時擔任編輯的就是我和另外一個人，即在下半年新入社的山崎桂三。進入十二月後，三木和我一起籌劃《世界思潮》講座叢書一事，編輯由三木清、林達夫、羽仁五郎三人連名。在我多年的出版社工作生涯中，沒有比這次叢書的籌劃更充滿活力且短時間內就圓滿完成的項目了。全十二卷裏有一百多位一流撰稿人參與。我們訂計劃的同時就開始了行動，委託完東京的撰稿人後，三木和我就坐夜班車去了京都，然後分頭花一天時間與許多撰稿人達成了協議。

結束了我負責的幾個人的訪問，到達事先約好的波多野精一[4]家的時候已經是傍晚時分了。三木那時已經做完工作來到這裏。我被讓進房間時，波多野和三木已經在對飲了。波多野得知我老家是信州伊那地區，非常高興，邊說「不許說『不行』[5]哦」邊給我斟酒。那天晚上三木和我坐夜班車返回了東京，我倆在火車上通宵達旦寫完了創刊詞。

就這樣，工作上忙得一塌糊塗，過著讓我沒有絲毫閒暇來思考的日子。店員也逐漸增多了。接下來發生了一件對我來說也是個非常重大的事件。

20

岩波書店的店員，以往多從小學畢業生中錄用，其餘從事校對工作的則錄用成年人。翻閱昭和三（一九二八）年的記錄，就會看到在五十七人中，少年和成年人的錄用比率大致為五五開，而且成年人的五成都是最近一、兩年才入店的。

從少年時期就與岩波朝夕相處的我們這些稚氣未脫的孩子們，其共同之處，就是對岩波的尊敬和親近。岩波也是同樣，對這些自己從小培養和教育起來的年輕人，非常的喜愛。店裏日常事務的主導權就由這幫年輕人來掌握，他們與我都是同齡人。工作很是繁

---

4 波多野精一（一八七七—一九五〇）日本宗教哲學家，信州人。主要著作有《西洋哲學史要》、《基督教的起源》等。

5 日文的「否」與「伊那」同音。

忙，我們從早幹到晚，有時甚至還要加夜班，即使如此，大家也毫無怨言。但自從一些成年人，或走出校門在其他地方工作過的人加入後，不滿就增多了，這些不滿情緒慢慢積累了下來。

這也正是「三．一五事件」[6]發生之前，工人運動普遍活躍起來的時期。

岩波書店繼發行了文庫和講座《世界思潮》之後，準備將《漱石全集》用一日元書的普及版形式發行，並開始了會員的預約募集。

昭和三（一九二八）年三月十二日早上，我還在宿舍。這時，接到長田幹雄打來的電話，說是爆發了罷工。我趕到位於神保町的店裏一看，店員大部分已經集合起來了，有人在作煽動演講，牆上貼著口號和要求。我當然是第一次遇到這種情況，其他店員也是一樣。要求事項羅列了許多，其中有一項是「馬上解僱長田幹雄、小林勇」，其他都是有關改善勞動條件方面的。

在這次事件發生之前，我就時常向岩波說起，目前的狀態如果持續下去，恐怕情況不妙。岩波在處理問題時，有時很迅速，但有時又很拖拉，決斷能力上有些欠缺。誰都知道，這種「少年店員」的童工制度已經到了該終結的時候了。

有關罷工的詳情就不再贅述。總之這場罷工，沒有工會組織，是一夥頭腦簡單的人們在事先沒有任何討論的情況下，被少數人強迫而進行的。不光罷工方沒有統一，就連僱傭方也是既無這方面的知識，更無處理的經驗。罷工者裏有少年店員，也有從少年店員長大了的人員，三方面的意見都不一致。

罷工開始之後的第四天發生了「三・一五事件」。據説當時被檢舉的人數多達一千六百多名，不知道其中有沒有包括岩波書店的罷工領頭人。總之，罷工進行了十七天就結束，之後工作又開始運轉了起來。要求事項的大部分都沒有進行交涉，而是由書店方面提出改進意見，就算了結了。

我受到同伴的排斥，雖然出乎意料，但在感到受孤立的同時，也感到自身的確有不少應該反省之處。我只知道蠻幹，説不定因此給同伴們帶來了傷害，也説不定是因為岩波過於重視自己而造成的。另一方面，在反省的同時內心也感到不平，不是因為參加罷工的人們對我的排斥，而是不講理由就提出「馬上解僱」，實在是太蠻橫無理。我痛苦得心都要

6 日本政府為打壓共產主義及社會主義，於一九二八年三月十五日，以違反治安維持法為理由，檢舉了日本共產黨及勞動農民黨的一千六百多名相關人士。

碎了，但當天還是必須要做完壓過來的工作。

我的工作崗位雖然在編輯部，但《漱石全集》的預約一開始，又被派去作宣傳方面的事情，在《每日新聞》報紙上刊登了版面很大的廣告，又要打草稿，又要看樣本，還要製作其他宣傳品，罷工就是在如此繁忙的情況下發生的。

我在罷工發生的第二天早上，好不容易找了個機會，向岩波提出離店。岩波強烈反對，並用很堅決的口氣説，罷工者的其他要求都可答應，就是解僱我和長田之事絕對不行。但是當時情緒激動的我，説完馬上就去了當時住在巢鴨的哥哥家裏。

我是乘電車去的，在我還沒到達之前，岩波乘汽車已先趕到，見到了哥哥。他反覆對哥哥説讓他打消我辭退的念頭，然後才離開。我在哥哥的規勸下，當天又回到岩波書店。但我已下定決心，要在事態平復之後就不幹了。我也對哥哥講了這一想法。

罷工發生的當天，三木清馬上趕到岩波書店，他特別放心不下我，還專門見了罷工方面的人員。他告訴我，罷工方面的人説，「因為小林介入到我們與岩波之中，使我們見不到岩波的影子」。這件事在日後成為我反思的重要元素，但在當時卻是難以理解的。

總之，我心情鬱悶，怎麼也高興不起來，但工作依舊十分忙碌，生活非常荒唐。

有天晚上，三木清來了，約我出去吃晚飯。兩個人走到街上，那是春天的夜晚，行走在街道的人自然而然地多了起來。我們都沉默無語，就這樣從駿河台走到御茶水，又穿過松住町走到上野廣小路。那裏有間從信川伊那來的人開的叫「麥飯」的料理店，我們喝著酒，吃了加入山藥汁的麥飯。

從那兒出來後，三木清説，我們再去哪裏走走吧！於是又去了上野車站。途中三木説去登高吧，正好有開往土浦的火車，就決定當晚住在土浦，第二天登筑波山。

那天晚上，平時很愛説話的我沉默無語，三木也沒有説話，我深深感受到與三木的友情。

第二天早上，土浦下了雨，我們在旅館的三樓呆呆的過了半天，然後返回了東京。

罷工之後，我與岩波的關係再也不像從前了。我既發倔，岩波也對我嚴苛起來。我經常喝酒，做了很多無聊的事情。那年春天，岩波沒有跟任何人商量，就決定加盟出版所謂「聯盟版」的《馬克思．恩格斯全集》，與改造社準備出版的《馬克思．恩格斯全集》相對抗，並命令我負責這項工作。聯盟社由同人社、叢文閣、希望閣、弘文堂和岩波書店組成。我看了出版計劃，感到無法與改造社相抗衡。我討厭這項工作，提出拒絕時，岩波生氣地説，如果不聽話就即刻辭職出去！我唯有服從，但結果這個計劃的「全集」，最後連一冊也沒有售出就泡湯了。

我已經滿二十五歲，算起來進入岩波書店已經有八個年頭。八年雖不是很長的歲月，但其間我接手了很多工作，也結識了很多人，想法也在不斷發生變化。

21

用躁動不安來形容昭和三（一九二八）年的時局，是再恰當不過了。「三・一五事件」之後，政府自然又強化了對左翼的鎮壓。東京大學和九州大學的幾名副教授被罷免，河上肇辭去了京都大學的教職。進入五月，發生了濟南事件；六月四日，張作霖被關東軍炸死；緊接著到了六月二十九日，死刑被加寫進治安維持法，作為緊急敕令予以公佈。

因為罷工事件，我也產生了種種想法。某天傍晚，我從擺放在岩波書店零售部的雜誌中抽出一本《文藝戰線》，其中有篇文章給了我強烈的衝擊。過去從未深思過的諸如社會不公、窮人不幸等問題，突然感到印象深刻。當然《文藝戰線》只是一個誘因，自去年起，我就從關係甚密的三木清以及周圍的人們那裏自然而然地受到了一些影響，心裏早已萌動了新的想法。

對武者小路所倡導的新村運動，朋友們依舊報以共鳴。我對運動的好感雖然沒有改變，但已不再認為世道會因此改善、變得更好。這場運動只是幾十名理想主義者聚集在九州的貧寒小村，一邊種地，一邊寫詩作畫，過著半農自耕的生活，明哲保身。這樣就能帶動世界，是無法想像的。

當今大部分農民，他們拼死拼活地勞作，仍然過不上像樣的生活。不光是農民，工人也是同樣的境況。對此，我雖然無更深入的分析探究，但毫無疑問的是，我對這些不合理的存在感到憤然。

我和朋友們雖然也就「新村」發發議論，但終於不了了之，逐漸就與《創作》雜誌的夥伴們疏遠了。無論如何，我想自己的唯一出路就是做好自己的出版業。

當時，一股新鮮空氣正強烈衝擊著學術界及學者們。站在這一新潮流前列的人物之一就是三木清。在岩波書店發生罷工之後，我搬出原來住的宿舍，住進位於本鄉真砂町一家叫作朝陽館的家庭旅館。從那兒到三木清所住的菊富士旅館距離很近，我和三木清幾乎每天都有見面。加上住在目白的羽仁五郎也經常參加，我們三人就不知厭倦，無休止地發著議論。

因為岩波書店出版了《哲學叢書》，於是與日本主要的哲學家的關係也熟絡起來。岩波在第一高中時期的同窗，絕大多數都成為了在社會上有分量的學者。這些大師們雖然對三木的學術水平表示認可，但又有些抵觸情緒，因此用一種內心反感、表面尚過得去的態度接觸著。但來自京都的西田幾多郎、波多野精一等老資格的大師們，反而喜歡三木。

我預感到一股新舊交替的漩渦，正在席捲著岩波書店。

罷工之後，岩波對我的態度變得嚴苛起來。或者這樣才是正常的，但因為過去會放手讓我去幹，現在卻加以限制，對於當時自高自大的我來說有些難以接受。

我強烈感到應該離職，三木、羽仁他們也都同意。但真的要辭掉工作了八年的書店，心裏又充滿依戀和對未來前途的擔憂。

最後我決定要自己創辦出版社。入夏之前，三木被南滿洲鐵路請去演講。他說這次演講有一千五百日元的報酬，可以用來做出版雜誌的資金。他也會讓羽仁五郎一起來幹，我只負責雜誌的發行即可，經濟方面由他和羽仁來承擔。就這樣，處於猶豫中的我總算下定了決心。

三木在七月底如期去了當時的滿洲。不久，羽仁去見岩波，說了我要辭職的事情。是我拜託羽仁說的，還是羽仁主動講的，我已經記不起來了。聽說岩波對我辭職感到很意外，勸我不要辭職，並說嚴格要求是愛護我云云。岩波又提出，可由我承擔《岩波文庫》的出版這麼一件不太可能的事情。年輕氣盛的我，越勸越不肯回頭，岩波想等三木回國後，再由他對我加以勸導。

但回國後的三木並沒有照岩波的意思勸我，這下岩波才死心了。八月二十七日，我正式辭去岩波書店的職務，同伴中有幾人覺得很不捨。此後，我在本鄉的家庭旅館開始作創辦新事業的準備。

我領到的退職金有二千元，此外，岩波説是自己的私房錢，又多給了我五百。從我當時的年齡資歷來説，能拿到這麼一筆錢實屬特例。我決定用五百元來維持生計，剩下來的二千元用來開辦事業。

為了新雜誌的開辦，我與三木、羽仁幾乎每天都要見面商量。岩波為我寫了熱情洋溢的創刊詞。

雜誌名稱決定叫《在新科學的旗幟下》，其發行部就叫新興科學社。而我自己個人的出版，則準備使用其他名稱。

我在岩波書店總共工作了八年。其中有六年做一般工作，兩年從事編輯。在這段為時不長的時間裏，我有幸結識了很多人。這些人對我另立山頭持何種看法，不得而知。小泉信三聽了我的年齡，説了聲「真年輕啊！」話語中大概隱含了太年輕、考慮不周的意思吧！

《在新科學的旗幟下》於十一月出版了第一期，以三木、羽仁為首的新鋭學者都有參加。有關印刷、排版等事務的交涉，因為過去有許多熟人的關係，沒有費多少勁。

在辦雜誌的同時，我也在準備創辦出版社。在尋找辦公室、確定書店名稱之前，最重要的是要拿到稿件。寺田寅彥、齋藤茂吉、落合太郎、小泉信三、野上豐一郎、野上彌生子、三木清、羽仁五郎等答應向我供稿。

另一方面，通過新興科學而結識的朋友們，也帶給我新鮮的魅力。與東京大學經濟系的年輕副教授有澤廣已、脇村義太郎、山田盛太郎等人也是在這段時間結識的。

第五章

鐵塔書院時期

22

到了昭和四（一九二九）年的春天，去年約的稿件已經到手。《在新科學的旗幟下》儘管已擁有三千固定讀者，但仍然有小額赤字。為出版這份雜誌，佔用了我不少時間。承擔印刷的是理想印刷所的田中末吉。他是從職員幹起來的人物，極富俠氣，雖然是一家很小的印刷所，但不少學者都與其保持著密切關係。我與他的家人也都很熟悉，經常去他家吃飯。從中我自然而然地感悟到，印刷所的規模即使再小，只要有融洽的人際關係，工作自然會運行順暢。

岩波茂雄教給了我做人要誠實，聽說岩波誠實的特質是來自母親。自幼年起，父親總會不厭其煩地要求我凡事都要中規中矩，母親則給了我一副熱心腸。回顧這些，我想說的是，我能有今天，是無數人的熱心關愛、支持幫助的結果。

我想，應該到了搬離旅館，自己有個家的時候了。尋找的目光自然投向了神保町。有一天，在一之橋的救世軍住房背面的小胡同裏，發現了一所新造的二層樓，一打聽，屋主是區內很有名的一位愛挑剔的老太太。老太太聽說是位年輕的小夥子要做生意，感到很好奇，用非常優惠的價格將房子租給了我。

我把僅有的一點行李裝在車上，從真砂町的家庭旅館自己拉著車搬了家。開始時僱傭了一名家政婦，過了一陣子，又叫老家的妹妹千歲過來幫忙打理家務。

準備在我的出版社出版的書，原稿已經拿到，分別是三木清的《社會科學的預備概念》和寺田寅彥的《萬華鏡》。

我是何時認識寺田寅彥的，已經記不清楚了，但肯定是在我從事編輯工作期間。寅彥住在本鄉曙町，我總是大清早就去他家拜訪。寅彥白天通常會在大學或理化學研究所，當然我也會去那找他。初次見到科學家研究室的光景，至今仍記憶猶新。

寅彥是夏目漱石在五高任教時的弟子，漱石門下可謂名人雲集，弟子中排首位的就是寅彥，其他門生都對他刮目相看。漱石把會面時間定在周四，但聽說即使不是會面日，漱石也會喊寅彥過去。這是我自寅彥那裏聽說的。

岩波茂雄與漱石門下都有很親密的關係。岩波與他們中的安倍能成、小宮豐隆、野上豐一郎等說話時，有時會省去稱謂或直接稱「你」如何如何，但只有對寅彥，則稱寺田或寺田先生。

寅彥是物理學界的翹楚。寅彥也有長岡半太郎、田中館愛橘、中村清二等老師，但像寅彥般年輕、優秀並受學者擁戴的則沒有。寅彥不但是了不起的物理學家，他還有各種出色的「業餘愛好」。我為什麼把「業餘愛好」用引號引出來，是因為寅彥自己把這些說成是專業學問之外的愛好或「自娛自樂」。

寅彥的愛好首先是寫隨筆。他自己雖然稱為愛好，人們卻不這麼認為。受漱石的影響，他從很早就開始寫俳句，但到大正初期才開始寫隨筆。《藪柑子集》、《冬彥集》兩本書幾乎是同時出版的，兩本書都使用了吉村冬彥的名子。

因為寅彥的隨筆一直用吉村冬彥的名字，所以大部分人都不知道吉村冬彥與寺田寅彥是同一個人。後來，寅彥死後，計劃出版他的全集。這一全集分成由專業論文組成的「科學篇」，和以隨筆等為內容的「文學篇」，後者有十六卷之多。但是，因為寅彥生前發表的文學類作品都使用了冬彥這一名稱，因此全集出版時的筆名落款就成了問題。最後還是決定因為都是寅彥的作品，連文學類用冬彥名字發表的部分，也應統一成寺田寅彥。時至今日，知道吉村冬彥這一名稱的已經很少了。

我拿到的《萬華鏡》的稿件，雖然形式是隨筆，但內容是有關科學方面的，故作者落款為寺田寅彥。他在普通書籍上落款為寅彥，這尚屬首次。

我對寅彥充滿了尊敬、崇拜，經常登門打擾。我自己覺得寅彥是歡迎我的，然而非常繁忙的寅彥不可能歡迎我的造訪，應該是寅彥的善良而對我的寬容吧。

關於寅彥的記憶還有很多，但不可能全部將其寫出，後邊可能還會寫及。

寅彥、三木清的書就要完成了，但我的出版社名稱尚確定不下來。想了很多均不中意，最後還是請露伴來定。我經常去露伴的家，他的家人與我都很熟悉。我見過許多作者，但最尊敬的當數露伴。有人說露伴是個難接近之人，脾氣不好、可怕。但這是那些想與露伴平起平坐的人們的偏見。像我這種不知深淺的凡人，反而能與露伴率真地交往。不知就是不知，什麼都可以發問。不能想著要表現出誠實、正派，而是自然流露。現在想想，露伴對我可以說是超寬容的。

露伴知我請他為書店起名，於是就想了各種名稱。但要麼是已在使用的，要麼是我不太中意。最後露伴沉默片刻，提出一個不太像樣的名稱逗我，看我不高興時，就說今晚到此為止，明天再談吧！

第二天，我又來到位於傳通院附近的他的家裏。露伴高興地站在門口對我說：「定下了，就叫『鐵塔書屋』」。說著他寫出漢字讓我看，又講了龍樹菩薩自鐵塔中取出《法華經》的故事，說是能表明要出版好書的決心。我表示感謝，但覺得書屋二字不太妥當，他說那就改成書院好了。接著他說是要外出失陪了，就進屋去了。

我與露伴初次見面時的情景在前邊已寫過，之後露伴搬出了原來住的二層樓。是第幾次去他家記不清了，吃了次閉門羹。下次再去時，我生氣地表達了不滿，露伴笑著説是正在趕稿，我説下次不能再這樣了，露伴微笑著説是，不會了。我就是這麼一個魯莽的年輕人。書店名稱確定之後，對如何經營出版社毫無所思的情況下，就一股腦地開始幹了起來。

23

我是在一個偶然的情況下進入岩波書店的。店主岩波是個很優秀的人，在他的周圍集結了許多學者和藝術家。出版社必然要有作家，所謂有好的作家就會有好的出版社。

當時的我還很年輕。有時會想，假若不是出版社，而選擇了其他職業，那我的人生又會是什麼樣子呢？即使進了出版社，如果不是岩波而是其他出版社，那我的命運也肯定會不同。進入岩波書店純屬偶然，但我覺得自己是幸運的。

在僅僅八年的短暫時光裏，儘管還不熟練，我還是做遍了出版方面的所有工序。當然最令我感到幸福的是，結識了許多優秀的人。

年輕氣盛的我，沒有謙卑地品味幸福，竟然獨自創立了一家小出版社。

我與在岩波書店時未曾相識的一群人，在興辦《在新科學的旗幟下》的過程中相遇相知，這對我來說是一個富有魅力的新領域。

那是在我孩童時的事了。記得我們家在吃晚飯的時候，很窮的鄰居家的人，悄悄走進我們家，來借一點少得可憐的米。母親陰沉著臉，接過來人的小口袋。全家人都默不出聲，直到那人離去，氣氛很是凝重。幼小的我想著，空腹的孩子可能正在等著他的歸來，心裏充滿了憐惜。

這樣的可憐人、可憐家庭，在農村多得不計其數。我沒有細思過當中的不合理，但發生在去年的罷工，卻給了我重重的一擊。另外，有了與三木清、羽仁五郎等人的接觸，以及通過新興科學而結識了很多人，他們給了我過去在岩波書店不曾有過的刺激。我的心也在發生著變化。

但另一方面，從岩波茂雄無聲的教示中學到的尊重知識的精神，已在我的心中悄然生根。當時的我一無資金，二無能力，要出版無名之輩的稿件，實屬力不能及。因此，必須通過出版成名大師的書籍來累積信用。我覺得這樣做是順理成章的。

在辭職岩波書店的同時，我除了向三木、寺田之外，又向落合太郎、齋藤茂吉、小泉信三、野上彌生子、羽仁五郎等也約了稿。我的二千日元退休金，用來租房、安裝電話、買辦公桌等就花光了。我在身無分文的情況下，委託印刷所，購買紙張、出清單，書印出後馬上委託發行，以求盡快能夠變現。這種情況，在現在的社會是不可思議的。

我的確是名副其實的一個人創辦書店，當然需要有起碼的職工。剛起步的時候，有過去在岩波書店工作的老相識過來幫忙，但這種情況持續了多長時間，已經記不清了。這段期間，在岩波書店時期的同夥坂口榮，表示願意來我店工作。坂口雖然有些與眾不同，但是一個很有能力的人。

《在新科學的旗幟下》出版後，三木清的名氣變得更大。他作為言論界的風頭人物，得到了人們的認可。其他雜誌社也紛紛向其約稿，他變得反而沒有時間為自己的雜誌寫稿了。

時光飛逝，轉眼到了昭和四（一九二九）年十二月，雜誌停刊了，僅出版了十五期。雜誌停刊的原因主要是來自外部。當時《文藝戰線》、《戰旗》等左翼傾向的雜誌出版很活躍，其中有一本叫《國際文化》，是一個名叫「國際文化研究所」的團體主辦的。這裏集結著伊東三郎、小川信一、藏原惟人、武藤丸楠、永田一脩等左派人士。不太清楚是誰提出的，《在新科學的旗幟下》和《國際文化》合併了。在這個基礎上，成立了「無產階級科學研究所」，創刊了機關刊物《無產階級科學》，三木清和羽仁五郎也都有參加。羽仁使用大川豹之介這一筆名，三木清則為我起了叫大林誠。

「無產階級科學研究所」是一個很大的組織，後來又有不少大人物參加進來。比如除了前面已提到的人物以外，還有布施辰治、逸見重雄、細川嘉六、櫛田民藏、正木千冬、野呂榮太郎、鈴木安藏、秋田雨雀、林達夫、服部之聰、三枝博音、戶坂潤、平林初之輔、片岡鐵兵、勝本清一郎、村山知義、中野重治、杉本良吉、外村史郎、山田清三郎、柳瀨正夢等。我在寫這篇文章的時候，看到有關無產階級科學研究所的回憶文章正在登載，是成員中我很熟悉的人撰寫的。

當時，《戰旗》的讀者似乎很多。說很多，但我想充其量也不到五萬。鎮壓越來越嚴，不斷被禁刊。當局想在雜誌出版後，來個一網打盡。我們則必須在被查封之前將其隱蔽起來，然後再通過組織盡可能地交到讀者手中。有時會用卡車將《戰旗》運到位於神田一橋的鐵塔書院，有時鐵塔書院也有危險，就將其藏在對面的裝訂所裏。在這種危險的情況下，年輕人個個精神煥發。有陣子沒有見面，問道去哪兒時，對方會笑著用輕鬆的口氣說是去警察局了。

在與這些人的交往中，我身上某種沉睡的東西被喚醒了。這自然地會反映在出版中，在鐵塔書院的開創期，就出版了大山郁夫的《在風浪中》和長谷川如是閑的《書寫歷史》等。兩本書都由很快就成為了朋友的畫家柳瀨正夢繪製插圖。

與《無產階級科學》的關係日漸深厚，他們會與我商討出版事宜，我也會制定計劃。但這些方面的書，讀者總是有限的，同時也有禁刊的危險，所以我的出版社最終也沒有完全成為「左翼出版社」。

當時結識的人們，在此後的浪濤中是怎樣生活的？戰後他們的境況又如何？如果加以瞭解，想必會驚心動魄。但我不想做這些，我想表達的是，通過他們我看到了，在變遷的時代中，能堅守自己的信仰，是何等的不易。

24

鐵塔書院開辦之後，我又結交了幾位新朋友。哲學家速水敬二是東畑精一的弟子，也是三木清的堂兄。他超然物外，人格高潔，為《新興科學》翻譯了黑格爾的有關篇章後，又翻譯了幾位大師的著作。我與速水經常見面，一起喝酒，吃了不少好吃的。

這些朋友中還有藤澤古實。藤澤是信州上伊那人，本名叫實，是島木赤彥的弟子，在美術學校作雕刻。創作和歌的時候，赤彥為其取名木曾馬吉，古實是此後使用的筆名。

我早已喜歡古實創作的和歌。昭和二（一九二七）年，岩波書店出版了他的第一本和歌集《國原》，卷中的第一首我依然記得。

「慈母身著粗布衣，辛勞耕作，萱草的花含苞待放。」

另外，他與岩波茂雄等攀登南阿爾卑斯山時，又創作了一連串作品，歌頌雄偉壯觀的景色，我在思鄉之時經常吟唱。

「萬丈山崖映晚霞，幽幽山谷靜悄悄。」

從我們村赤穗，可以看到千丈岳身姿的全景。

赤彥很疼惜古實。古實為照顧病危的赤彥，大正十五（一九二六）年住進了下諏訪町高木的柿蔭山房。赤彥死後，古實與某位模特戀愛，遭到《阿羅羅木》的前輩們的反對。最後，古實與他們決裂了。這場決裂對古實來說，我想是個艱難的抉擇。

我勸古實，因為他最瞭解赤彥晚期的境況，應該將其記錄下來。古實所著《赤彥遺言》的書名就是我起的。

戰時，古實的家被燒毀，於是歸隱故鄉。此後，和歌創作伴隨了他一生，雕刻方面最終未有大成。聽說他晚年在家鄉的某中學教授美術，度過餘生。我想古實大概是永眠在他歌詠過的母親的墓旁吧。古實具有寬闊的胸襟，誠實的人品，是我永遠難忘的故友之一。

柳瀨正夢，生在松山，長在門司。他很早就開始繪畫，十八歲那年，題名為《光與影》

的油畫入選參展，得到小宮豐隆的認可，並受到表彰。我想，假若柳瀨順著畫家這條路走下去的話，他已成為畫界大家。他剛過二十歲時，因為對社會主義感興趣，而走上這條路。在「三．一五」和「四．一六」事件時期，他作為無產階級畫家，得到共產黨的認可，從《無產者新聞》的第一期開始，刊登了情緒激憤的政治漫畫。即使之後《無產者新聞》被定為非法，他也繼續畫下去，當然是不記名的。此後，他的作品在《赤旗》也有發表。他的漫畫與現在的漫畫不同，均是鞭撻當時社會的不合理不公平，很是激烈。

對柳瀨從事的非法活動，我是知曉的，但我們之間從未談及這類話題。在當時人與人的交友中，從事非法活動的人，不會對無關者談及這方面的事情，無關者也不會深究，這是很重要的仁義道德。要是知道了秘密，就總會有不慎洩漏的危險。

柳瀨是個身高不足五尺的小個子，柔和的面龐上總帶著微笑。他為許多左翼方面的雜誌書籍做過裝幀。

我和柳瀨很合脾氣，經常見面。柳瀨知道我與不少左翼人士有交往，擔心我會出問題，經常裝作不經意的樣子勸我，不要去做危險的事情。我經常與柳瀨喝酒，他的妻子身體有病，但卻是個性情爽朗的女子。她看出柳瀨有難色，就勸他出去尋歡，我和柳瀨一同去過風月場所。

柳瀨後來被檢舉，雖然受到嚴刑拷問，但最終都沒有招供。他判決未定，仍在牢中時，妻子病危。我在朋友的幫助下，通過律師的努力，得到三天的假釋。柳瀨在趕到醫院的兩小時後，妻子就病逝了。

柳瀨在法庭上也沒有拋棄社會主義，但答應不再從事實際活動，於是獲得五年的緩刑。此後，柳瀨又開始油畫創作，創作了二百多幅作品，但沒有能夠留下傳世之作。

柳瀨於昭和二十（一九四五）年五月二十五日深夜的大空襲中，在新宿站的附近被燃燒彈擊中死去。今天，看到共產黨人在熱鬧地舉辦活動時，柳瀨的樣子經常浮現在眼前。

鐵塔書院創立不久，聽書店的同伴們說，如果能出版野呂榮太郎的書就非常好了，但不易拿到約稿。因為野呂是慶應大學畢業的，於是我請小泉信三寫了介紹信，與其見了面，拿到他所著的《日本資本主義發展史》的書稿。這本書於昭和五（一九三〇）年初版印刷，後又轉到岩波書店，並進入《岩波文庫》，成為直到今日仍然擁有眾多讀者的名著。我與野呂見面時，他正在鵠沼療養，我從他身上學到了很多東西，可惜受紙面所限，不能詳述。野呂在轉入地下後，於昭和八（一九三三）年十一月二十八日在京成電車的押上站遭逮捕，第二年二月十九日去世。當局雖然說因其病重，十八日送到醫院，但我總覺得他的死有些奇怪。

野呂經常教誨我，不要做危險的事，作為出版者要有自由的思考見解，要成大器。在所謂的左翼人士中，像野呂那樣講義氣，守禮貌、篤信、具有溫和人性的實屬少見。

同樣是昭和五（一九三〇）年，我與無產階級科學研究所的實力派人物伊東三郎的關係密切起來。他的本名叫磯崎嚴，是發明了用機械編織岡山名產花蓆子的磯崎眠龜的孫子。

伊東好像是畢業於同志社大學，但我不太清楚。他是學世界語的，是世界語學派的開拓者。他認為從性質上來講，世界語應成為解放運動的武器，給凝重沉悶的日本世界語學界帶來了活力。

我與伊東結識之後，商量準備推出世界語講座叢書。有一天，在同為世界語學者的武藤丸楠的家中，三人共同商談，很快就作出了總共為六卷的計劃。起名為「無產階級世界語講座」的這一計劃，從九月份開始發行，很快就擁有了一萬名會員，這在當時是少見的。作為語言學的書，也許不冠無產階級的名稱更好，但這在當時是一種潮流。與以往的語言學書籍不同，裏邊使用的資料，均用階級性的詞語來修飾。不知是從第幾卷起遭到了禁刊。從那以後，鐵塔書院的出版物，也經常遭到禁刊。下節我會專門寫遭審查的事情。

25

戰後的新憲法規定，將保障言論出版的自由，不准對出版物品進行審查。但在戰前，一切報紙、出版物不經審查是不准出版的，如果不經審查就予以發行，就會受到懲罰。

設在內務省警保局的圖書課，現在已經被取消，該課是專職過目所有出版物的單位。無論何種出版物，在售銷前兩天必須把樣書提供給他們。在大正時代，這個課還比較小，當然官員的人數也少。進入昭和之後，人員逐漸增多，出版量增多是一個原因，更重要的是審查更加嚴了。

我的鐵塔書院，被審查當局盯上的書籍逐漸增多。這其中有無產階級科學研究所的成員拿來的稿件，也有我自行策劃的。現在不能一一羅列出，但比如有蘇維埃文學叢書。正如名稱所示，是新俄羅斯的文學作品，審查官對此審查得最嚴。當中肖洛霍夫所著的《靜靜的頓河》，第二冊就遭到查禁。

查禁的理由一是影響安寧秩序，二是擾亂治安。但不用説，查禁的真正目的在於「維持治安」。遭查禁的書，不但書籍被沒收，連清樣也會被拿走，這對出版社來説是沉重打擊。所以要盡可能避開這些有「危險」的內容，或是在出版時變換表達方式。

《靜靜的頓河》遭查禁時，我去了內務省的圖書課，問他們問題出在哪裏？意外的是，問題不是出在治安，而是在安寧秩序方面，主要是指書中對強姦的描寫。這部分內容對小說來說是枝節，與作品的主題關聯很小。我感到放心的同時又覺得奇怪，問課長為什麼這樣的問題、這樣的程度也不可以？課長最後說是不好下結論，我說那好吧，返回後馬上提供了改正版。

檢審官中，我覺得有一位對我態度不錯。我覺得某本書有危險，想在提供書籍之前，先與這個人見個面，晚上就到了他的家。雖然有些危險，但他還是熱情地接待了我。

這本書開始銷售後，他給我打來電話，說此書有可能被查禁。我急忙將書藏起來，又重新複製了清樣。當時的查禁，對被查禁物品的處置相對還是簡單的。

有一天，這位檢查官到鐵塔書院來找我玩。他問我想不想結婚，說他內人的妹妹可以嫁給我。我不好回絕，最後推說是家裏已有訂婚對象，而迴避了此事。

在岩波書店時，我覺得所有的業務已經學得差不多，但後來才知這一想法太膚淺了。我能請作者寫稿，會編書，銷售方面也差不多能掌握。但對最主要的經營方面，我的知識和思想準備都太貧乏。鐵塔書院當然也採用委託制，所以銷售剩餘的部分會被退貨。開始階段，三木、寺田、茂吉等人的書暢銷，有時還要再版。但賣不完被退貨的部分也逐漸增多，家裏擺滿了退回的書籍，到月底有時連支付成本的錢都拿不出。這時我才真正認識到，對於出版社來說，完善的經營是何等重要，由此也奠定了我重視經營的基礎。

鐵塔書院的經營很困難。但生產、銷售等相關方面都很關照，還不至於撐不下去。反省起來，當時的問題主要出在沒有量力而行，出書過多。

我的工作稍有起色之時，妹妹千歲與大河內正敏的三子信敏結婚了。起先他們在千葉縣工作，不久就來當我的幫手。鐵塔書院還有一位從富山來的，邊在早稻田大學讀夜校邊在我店打工的寺島岩次郎。另外還有曾對野呂有恩的、在鵠沼一個叫島田家的兒子正夫，野呂的弟弟重雄也在店裏工作。他們雖然年輕，但工作熱情都很高。每當遭到查禁，轄區警察局的警官就會趕過來搜查，這時的對應是很困難的，但這些年輕人都能很坦然地，巧妙地應付過去。

記得是在無產階級科學研究所成立時的事了。我結識了藏原惟人，他與我同齡，都是二十六歲。

藏原當時住在位於芝公園的父親惟郭的家裏。我去拜訪的那天，正好他患感冒，臥床休息，我坐在床頭與其交談。當時的情景仍然歷歷在目，但是談了什麼卻記不起來了。

此後我們又見過幾次面，也出版過他的譯著。藏原在外國語學校的俄語系畢業後又去俄羅斯住過幾年，語言水平很高。我特別喜歡的是藏原的人品。當時的左翼人士，他們明知有危險還要開展運動，是很純粹的。但其中也有的雖然有意志，但人品不行，往往遇到困難就變節，危及他人。這類人最終多是下場可悲。我雖然沒有直接參加運動，但周圍有不少人在從事非法活動，所以本能地能識別出他們中哪些人是可信的，哪些人是不可信的。

已有很長時間見不到藏原，有一天在東京外國語學校任教的馬場哲哉來到我處，他用外村史郎的筆名翻譯書籍，是藏原的老師。外村説藏原因為被追蹤，潛逃去了俄羅斯，任務完成後又回來了。又説藏原為了賺取生活費，需通過做翻譯領取版税，但譯作不能使用藏原的名義，所以要用外村的名義發表，我同意了。

支付版税是商業行為，不是支持共產主義分子，所以不違反治安維持法。道理雖然如此，但一旦暴露必定會受到懲罰。此後，藏原被捕的消息被廣為報道，但我卻毫不擔心會殃及自己，因為我對藏原的人品充分信任。

我從野呂、柳瀨、藏原、羽仁等人身上，懂得作為一個出版人，珍惜自我，走自由之路的重要。

26

岩波茂雄的妻子叫吉，二人之間有六個孩子。長女百合、次女小百合、三女美登利、長男雄一郎、次男雄二郎、四女末子。大正九（一九二〇）年在我進店之時，末子尚未出生。

在我進店的時候，岩波的家人和店員們，就像一家人一樣融洽地生活著。此後，岩波的家搬了去小石川小日向水道町，家裏的一棟房成為租屋，雖然吃飯分開了，但日常生活中仍然交往頻繁。

岩波夫婦不允許孩子們對店員擺出主人的架子，我們也不需要討好他們，大家都生活得很輕鬆自在。

我的前輩中聽説還有幫他家看過孩子的。我剛進店時，吉讓我在休息日帶孩子去動物園，我不願意休息日的時間被佔用，於是回絕了，但也沒有受到訓斥。

次女小百合是個健康又活潑的女孩子。幾年後我發現自己對小百合產生了愛慕之情。我在小學時曾有過喜歡的女孩，但尚未告白我就到了東京，愛意就逐漸淡了。我明顯感到自己喜歡上小百合，是還在岩波書店期間。我覺得所有店員好像都喜歡小百合。可能大家都覺得自己被愛，我也是其中一員。有一年小百合為我織了件毛衣，織得很寬。後來她對我説，我看上去很魁偉，所以才纖大了。

在愛著小百合的同時，我仍然過著放蕩的生活。但當時找女人來享樂，絕對不是出於愛情。那些女人中也有説喜歡我的，但我鐵了心腸，終究沒有迷戀下去。我對小百合的愛慕之情，尚未向其表白，就離開岩波書店，另起爐灶了。我當時心裏也覺得，自己是店員，與小百合結婚恐怕是不可能的事。當然，另起爐灶不是因為這件事。

創辦鐵塔書院之後我也經常去岩波家。當時經常喝酒，玩女人，空虛無聊的打發著日子。

有一段時間，我住在位於神田一橋的鐵塔書院內。昭和六（一九三一）年，我又在以前曾住過的，真砂町的朝陽館裏租了房子。有一天，我找來小百合向她表露心跡。小百合答應考慮一下後再答覆我。這樣在兩、三天之後，她對我説：「想了想才知道，我從之前就喜歡你了。」

幾天後，我向岩波提出有事相求，希望能見個面。一大早我就到岩波家，岩波聽我説要與小百合結婚，表情也沒有改變，只是説了一句「是嗎」。他問我小百合本人是何態度，我如實相告後，他説容後再作答覆。説完這個話題後，岩波説，聽説你有要求，我還以為是要借錢呢，我回答説目前不用借錢還能過的去。

兩三天後，岩波發來快遞。說是先前所提之事，經與內人相商，給予拒絕。此後，我們的交往還在繼續，因為姐姐百合站在我們的一方，就租住了她的房子。母親吉是知情的，但她什麼也沒說。聽說吉在此事發生之前，就對人講過想收我作養子。

我雖然遭岩波拒絕，但並未將此當一回事。因為我知道最終決定問題的是當事者雙方，當然如有可能，還是應爭取他早些贊成。但我知道岩波很難自己加以反悔，二人商量之後，決定找與岩波關係密切的野上豐一郎、彌生子夫婦從中說合。

為化解誤會，我也更努力地使經營更健康，生活更乾淨。

儘管有野上夫婦的說合，岩波態度仍未改變。過了昭和七（一九三二）年的春天，離事情的提起已過了一年。我早已將此事告訴露伴，露伴有時會擔心地問起事情的進展。然後有一天他表示，如光有野上夫婦還不行的話，他也去跟岩波說說看。但考慮到沒個由頭不好開口，就讓小百合來我家，一直住到問題解決再離開。我想不用如此煩擾露伴，問題總會得到解決的。

到了夏天，我們決定不管有無岩波的同意，都會在秋天結婚，並由野上夫婦證婚。除岩波之外，岩波家的人都答應參加婚禮，岩波則說當天他要外出旅行。

八月中旬過後，我被岩波叫去，見面後他說，自己之前堅持不贊成，也說過不會參加婚禮。但現在主意已變，如我同意的話他會出席婚禮，婚宴的費用也由他負責。我說那就拜託了。事情定下後，岩波又用他那貫有的雷厲風行的作風，為我訂製了禮服、訂場地、邀請客人等。

九月十日，我們在東京會館舉辦了婚禮。婚禮邀請了幸田成行、岡田武松、寺田寅彥、藤原咲平、小泉信三、安部能成、茅野蕭蕭、三木清、羽仁五郎等二十餘人參加，由大河內正敏夫婦代行父母之責，父親和哥哥忠雄也從家鄉趕來參加。

長兄憲雄在我開辦鐵塔書院之初，對我出版左翼書刊表示反對。有一次我們吵翻了，他反應很激烈，打碎東西，並喊著如果我再出現在他面前，就用槍斃了我。自此我們斷絕了兄弟情分，結婚時我也沒有通知他。

憲雄當時獨自發行了一份叫《盆栽》的刊物，成了盆栽房的先生，當然在政界、財界也結識了不少熟人。擺弄盆栽的老人們，不會有進步人士，哥哥成為保守反動之人實屬必然。哥哥曾經說，家裏有像你這樣不知天高地厚的人，簡直是給小林家抹黑。

結婚之後，我們保持著以往的生活節奏。因為景氣不好，書的銷售狀況也欠佳。對印刷所和裝訂所即使有借賬，我也不肯用期票支付，而是拜託他們寬限時日。因為我覺得這樣做才不會突然破產。

我有很多想做的稿件，一家小小的出版社，一個月內竟能發行十本新書，簡直不可思議。

昭和七（一九三二）年，我又發行了《鐵塔》這一小型雜誌。

27

昭和六、七年間，世間有多份十錢雜誌創刊。我也想有份自己的雜誌，就創刊了《鐵塔》。那是一份只有六十四頁的小雜誌，無法登載太難的論文和小說等，稿費也很有限，只能以隨筆為主。

與我志趣相投的人們紛紛執筆投稿，雜誌的內容還蠻有意思的。

當時的寺田寅彥，使用吉村冬彥的筆名寫隨筆。他用科學家的目光觀察思考問題，寫出視角獨特而有份量的文章，絕不人云亦云。

寅彥的弟子據說有四百到六百人，其中起碼有一百人左右是一流學者。同時，他們的一個共通點，是都認為自己被寺田先生所喜愛。寅彥對弟子要求很嚴格，弟子們挨了批評還喜歡他，可見寅彥所具有的溫暖篤實的人格魅力。

寅彥有一天對我說，老師這個工作需要無限的忍耐。我給寅彥添過很多麻煩，要講述這些事情很簡單，但這樣不足夠完整地描述出寅彥的全貌。我深感遺憾的是，沒有人能對寅彥的學問做出準確的評價，並能描述出寅彥的人品，寫出寅彥的傳記。這種人恐怕難以覓見吧！

我在推出《鐵塔》之時，很想得到寅彥的作品，但終未開口。怎料在編輯第二期時，他用速遞寄來一篇題為《藤之實》的隨筆，很是優美。此後他幾乎每期都有執筆，《鐵塔》共出了十三期，寅彥共寫了十一篇。其他許多雜誌也向他約稿，他全然不予理會，只是每期都默默地為付不起稿費的我的雜誌供稿，這到底是為什麼呢？其中有幾篇，在寅彥的隨筆中也算有特色的，如《北冰洋的破冰之聲》、《學問的自由》、《科學家與大腦》、《海嘯與人》等。

另外，露伴、大河內正敏、三木清、結城哀草果、藤澤古實、速水敬二、安倍能成等人也紛紛為這本雜誌執筆。世界語學者中垣虎兒郎翻譯了《北極黃金鄉的三十年》，當中描寫愛斯基摩人的生活、北極的自然，以及投身於其中的極具生命力的不可思議的人物，堪稱傑作。

昭和七、八年間，正是對左翼的鎮壓日趨強化之時，對出版物的查審也更加嚴格，我所出版的書籍也有幾本遭查禁。

我準備避開左翼的內容，出版自然科學方面的書。但是太過艱澀、發行量又不大的專業書類，需要耗費很多資金，於是準備出啓蒙類的作品。因為自己不具備這方面的專業知識，就設想出一些只要有心學，即使沒有專業知識也可以讀懂的書。這類冠以通俗讀物的書籍、雜誌市面上已流傳不少。翻閱這些已出版的內容，我發現儘管文章已口語化，但似懂非懂或者普通人讀不懂的為多，而題材也多是沒有基礎知識就理解不了的。我要出版的書，是將身邊的事物用準確而通俗易懂的語言作出解釋，從而讓人們瞭解科學的真實面目。因為不喜歡通俗這樣的字眼，就取了《鐵塔科學叢書》這一名稱。

由岡田武松、寺田寅彥、大河內正敏任編輯，最初定了出版三十冊的計劃。為該叢書執筆的均是各個領域的權威人士。因為他們都很忙，就採用了由他們口授再記錄成筆記的方式。口授比作者自己執筆來得簡單，在做筆記的過程中，也可注意避開難懂的專業術語。這一方法使我掌握到一種新的出版技術，因為大部分科學家都是不擅長寫啓蒙性讀物的。

這一叢書的作者有許多是與岩波書店共同的。特別是編輯人員的名單，對岩波刺激很大。名單公佈後，聽寅彥説岩波陰沉著臉，很是激動地喃喃地説，真不好辦了。

昭和九（一九三四）年的某一天，我去理化研究所見寺田寅彥。寅彥說，他有話要對我說，如果方便的話找個地方好好聊聊。我看寅彥的表情不同以往，心裏很不踏實，就推說今天沒有空而逃脫了。

當時，作家中有的認為，岩波和小林身為父子關係卻分開做生意，有點說不過去。有的甚至當著我的面就這樣講。

我和妻子小百合，每次與岩波家的人見面，也覺得有些難為情。鐵塔書院雖不是經營不下去，但也不輕鬆；雖不是心緒不佳，但也沒有什麼值得高興的。在我的心裏總有種擔憂，怕我猛勁工作，與岩波形成競爭摩擦。

得知我的愁腸後，三木、羽仁、柳瀨等都有些擔心，他們的意見是我應該回岩波書店。

我左思右想後又去找小泉信三商量。小泉說早就應該這樣了，就這樣作吧！小泉明確表明意向後，我卻覺得這樣一來不是丟了我男子漢的臉面嗎。小泉看我不作聲，就問我露伴先生說什麼來著？我說還未同他講，小泉就勸我一定要去聽聽露伴的意見。露伴當時正住在伊豆的伊東，我說那就待他回來後再說吧。小泉聽後立刻說不能等，明天就快去。

改日我趕去伊東拜訪露伴，露伴十分高興地迎接了我。他讓我去泡澡，我照做了。剛待一會兒，露伴進來看看了浴室說：「啊，正在泡啊。」就關上了門。泡完澡在刷身子時，露伴又來看情況：「啊，泡完了？」又退出了。

我雖有話要講，但他還是讓先上酒，舉起了酒杯，說邊喝邊聊。

28

露伴很高興地喝著酒，我卻不像以往，興奮不起來。過了片刻，我看時機已到，就對他講了，朋友和小泉要我回岩波書店，但我卻下不了這個決心。露伴聽著，深深地點了點頭後說，我這麼想也有道理，但他也早有與小泉相同的想法。他說，父子不能總是單獨幹，況且也不是到陌生的地方去，想必這也是岩波所期盼的。

我說我當初是主動辭去的，再回去實在是有失男子漢的臉面。露伴說，小泉這樣講是經過深思熟慮的，就聽小泉的吧！並又說，書店的我回到書店的長輩那裏沒有什麼丟面子的，如是去不同的領域還另當別論，這一點不用猶豫。

露伴又舉了歷史上幾個人物的例子，諄諄教誨我。最後，他說我也要多替妻子著想，又讓我跟小泉說，說露伴把一切都拜託他了。

辭別後，露伴一直將我送到公共汽車站。與我同乘一輛車的旅館老闆問我是什麼人，他從未見先生如此高興過，先生送人也是第一次瞧見。到家後，我對妻子小百合講了，妻子也希望我回到岩波書店。

兩、三天後，我下定決心，去了見小泉。我對他講了見露伴的情況，並轉達了露伴的話語，表示一切均拜託他來處理。小泉說會馬上對岩波講，但最後決定恐要花些時日。

我接著又去了駒場的航空研究所見寺田寅彥，對他講了事情的全部經過，並說雖然已委託小泉處理，但事情的進展到底會怎樣心裏沒底。寺田邊點頭邊聽著，最後他說，之前他有話對我說，實際上要說的也正是此事。他並說，當然事情最後的結局還說不清楚，但只要我有此心意就好了，不管發生什麼事情，我們都是一生的朋友，今天就不學習了，一起去新宿吃飯。

我的心情仍是充滿了迷茫，提不起精神來。但是我已將事情拜託了我所尊敬的，也是對我有恩的三位先生，再想也起不了任何作用。如果說我僅是回到我過去的店，那完全沒有問題。但我是反叛跳槽出來的，更不顧岩波的反對娶了他的女兒，目前生意雖然還在撐著，但明眼人一看就知情況不妙。因此，我會被社會上大多數人看成是卑鄙之人。所以我真希望乾脆被岩波所拒絕。

事情就這樣一直拖了下去，小泉希望我能節制一下出版活動。我去露伴家的次數更加頻繁，露伴每次都是要麼教我下象棋，要麼一起喝酒。小泉總是叫我再等等，在從提起話題起已過半年之時，我終於在得到小泉的諒解後，決定自己當面與岩波談清。

我與岩波一起去了鵠沼，住進酒店。當我提起此事後，岩波則把話題岔開，結果整晚使我摸不著頭腦。小泉叮囑我說，與岩波談話是不能著急的，不要急著出結果。並説岩波絕不是不願接受我，而是需要時間云云，完全不明其意。

到了昭和九（一九三四）年的秋天，我回到岩波書店的事總算定下來。這中間還有很多事情，就不一一贅述了。小泉對我說，實際上他第一次對岩波提出此事時，岩波就說：「小林有此想法，那真是太好了。」但又叮囑小泉說，目前還不能這樣說，因為重要的是要得到店內員工的理解。

我處理完鐵塔書院的善後，回到岩波書店的時間是昭和九年十一月九日，這在岩波書店的記錄中有記載。

當時岩波對我說不要太賣力工作，去玩玩就好了。我也感覺到往昔的同伴們，他們表面看起來很平靜，但內心都有些抵觸。我覺得這是當然的，但我自己沒有必要感到理虧。當時我已三十一歲。

鐵塔書院的經營持續了六年，這期間共出版了一百八十本書。經營一家資金匱乏、規模很小的出版社，使我學到了很多經驗。我結識了在岩波書店時不曾接觸到的許多進步人士，也明白了誠信在生意中的重要性。同時也懂得了經營必須要建立在精細的計算之上，不能膽怯，也不能魯莽。出版者不能執著於某個主義，而應凡事都要尊重知識。對這些問題的思考雖然尚不清晰，但已有了一定的理解。

岩波要我多玩玩的本意，大概是考慮到我過去對工作太投入，不知顧及周圍的反應，這種作法是不可取的。但我在過了一段日子後，就與三木清共同定了幾個工作計劃。只要和三木商量，他馬上就會想出好點子。像三木那樣精於計劃的人，實屬少見。

儘管是在工作，但與經營鐵塔書院時相比，實在是太輕鬆了。

這期間小百合懷孕了。我照舊地在喝酒、吵架，但頭腦是清醒的。

昭和十（一九三五）年四月二十七日，岩波啓程出外旅遊。可能是怕別人會阻止，他的準備在悄然中進行，知情的只有書店經理堤氏夫婦和我。岩波在出發之前和全體員工聚餐時，才宣佈他要出門旅遊，像一陣風似的飄然而去。

岩波在乘船出發時，我的妻子預產期已到，住了院，但遲遲生不出來，岩波很是擔心，在船上發來電報。長子的出生是在五月十四日，那天晚上，我與朋友速水敬二在銀座喝酒，大醉之後趕到醫院，妻子正在產房被許多醫生圍著。院長看到我喝醉的樣子，嚇了一跳，讓我到他自己的房間睡下了。這些都是在事後才聽說的。

第二天早上醒來後，朦朧中記起昨晚在產房看到的情景，趕去一看，產房裏傳出妻子的呻吟聲和醫生要其使勁的聲音。又過了一會兒，傳來了嬰兒的啼哭聲，護士抱出剛出生的男孩。我委託露伴為孩子起名，因為是早上出生，希望名字裏有此寓意，就取名叫堯彥。

昭和十年十二月，岩波結束了歐美之行回國。在其發表的見聞中，有不少充滿對未來的預測。

寺田寅彥在那年秋天發病，經過極度痛苦的治療之後，於十二月三十一日去世，死因是癌症。

第六章 日中戰爭

29

昭和十一（一九三六）年對我來說，是比較輕鬆的一段時光。以孩子的出生為契機，我們從原來在東中野的租房中搬出，住進位於小石川的岩波宅院內面積不大的房子裏。

二月二十六日，早上起床後看到已有積雪。我與同住宅院內的經理堤常，一起乘車前往位於一橋的岩波書店。在到達飯田橋車站附近時，看到有手持帶刺刀槍支的士兵，行走在積雪的路上。到了店裏，有幾位同事正情緒激動地站在店門口，聽說是軍隊發生了叛亂。皇宮和警視廳一帶已經滿是叛亂軍。我愛看熱鬧的本性發作，與堤經理又坐上了剛剛坐過的車，準備到皇宮前邊看看。到了和田倉門時，看到大概有十二、三名持帶刺刀槍支的士兵，就不再往前行。向二重橋方向看去，只見前面既無車輛也無人影，一片白雪的廣場，比平時看上去更加開闊，非常安靜。我乘車沿著電車丸之內線路行進，穿過廣場前門，走過日比谷的交叉點，這周圍也比往常都要安靜。向右一拐到了靠近櫻田門的地方，從公園到警視廳去的道路已經被交通管制。在管制區內，也就是警視廳周圍，士兵的數量看起來比剛才增多了。我的車被士兵窺視到，向我打著到那邊去的手勢。

我們把車子開進日比谷公園內，環視了一下周圍，幾乎看不到人影。司機害怕了，連説著回去吧，我雖然心有不甘，但還是回店裏了。

這天的傍晚，我再次出發向赤坂見附方面走，到了一家名叫「幸樂」的很大的料理店門前，那裏是叛亂軍聚集的地方。在門的前面，可能也是和我一樣愛湊熱鬧的幾十個人，正在聽一位將官用激烈的腔調作演講。

將官的演講聽起來內容空泛，沒有能打動我的地方。當天晚上，聽説我們店裏的兩位夥計，去了被士兵殺害的高橋是清家，為其燒了香。

「二．二六事件」[1]，是日本逐漸進入黑暗時期的序幕。但三個月之後發生的「阿部定事件」[2]，因為被大肆渲染報道，起到了一種將人們的心情從暗淡中解放出來的作用。曾記得齋藤茂吉對阿部定事件異常感興趣。

在這樣的形勢下，我仍然過著舒適安逸的生活。但也就是從此時起，形勢急轉直下，日本侵略中國的手蠢蠢欲動。我對此並無太大關心，仍然繼續著自己的生活。當然在另一方面，中國也發起了強烈的反日運動。

出版方面的審查也日趨嚴格。比如對福澤諭吉的《文明論之概論》中有關皇室的描寫，被要求改版。

岩波書店發行了去年除夕去世的寺田寅彥的全集。全集分為「科學篇」和「文學篇」兩部分，「文學篇」由安倍能成、小宮豐隆、松根東洋城、矢島祐利等人編輯。我作為編輯組的工作人員，與矢島二人苦幹。在炎熱的夏天，我們二人脱光衣服整理原稿。

人們往往只看到「全集」這一成果。但作為個人的全集，要求斷簡殘篇也不能遺漏，這對編輯人員來説，其辛勞程度的確是非同一般。因此一些有編輯過這類「全集」的辛苦經歷的人，對社會上所謂的「全集」，他們往往認為不過是些東湊西拼的出版物，而不將其放在眼裏。

昭和十二（一九三七）年五月下旬的某一天，岩波茂雄聽説當時同盟通訊社的上海支社長松本重治在東京，就招待了他，我也參加了。岩波對日本與中國之間不斷升級的緊張局勢很是擔憂，不斷向松本問這問那。當時他表示，自己作為出版人，願將傾注自己畢生

---

1 一九三六年二月二十六日，日本陸軍皇道派的青年將校打著「尊皇討奸」的口號發動叛亂，叛亂雖以失敗告終，但包括文中提及的高橋是清等多名政府元老重臣在事件中被殺害。

2 一九三六年五月十八日，女工阿部定在和情人石田吉藏發生性關係時將其絞殺，並切下其生殖器，事件被大肆報道，令公眾譁然。

精力的工作成果贈送給中國，希望使中國人知道，日本人中也有這樣的人。最後他又委託松本在中國為其選擇五所大學，要給他們贈送岩波書店的全部出版物。

松本瞭解此意後返回上海。但是時間已經太遲，來不及做了。在那之後大約又過了一個月，七月七日在盧溝橋上，日中兩國的軍隊發生了衝突。

這一年的六月九日，妻子剖腹產下了一個女孩。這次也是聽露伴的意見，取名美沙子。岩波書店的校對是出了名的嚴格，其基礎是在昭和初年，由當時校對部的人們打下的。那是一群有見識、有能力的男子漢們，為首的是和田勇。

在盧溝橋事件發生的幾天後，和田因患中耳炎去世了。我們在位於中野的和田家中為他守靈，鄰居家的收音機裏傳出事件正在擴大的報道。我們幾個守靈人，將大半個身子附在院子裏的樹籬邊，聽著廣播。

當時我正在河野與一的幫助下，著手編輯《二葉亭四迷全集》。我早已對二葉亭這個人物感興趣。以前出版的全集，都只集中了他的文學作品，我見到他的遺屬後，才知道作品之外未發表的內容還有很多。又聽說在早稻田的演劇博物館裏，還保存著許多他致坪內逍遙的珍貴信件，我想這樣一來出新的全集就很有意義了。出全集的過程非常有趣，對二葉亭的生活、其思想的產生等，較之文學作品，從這些迄今為止被埋沒的資料中能發現得更多。

在致逍遙的信中，有一句「晚生淋漓又頻發」，雖然知道是碰到了疾病復發的難題，但「淋漓」卻不知何意。見露伴時對他說了此事，露伴笑著說淋漓就是淋病。想必二葉亭在患此病的明治三十（一八九七）年當時尚沒有治癒的方法。二葉亭的憂鬱而絕望的人生觀，恐怕與疾病不無關係。當然感興趣的內容還遠不止這些，二葉亭在被西園寺公望邀請參加雨聲會時予以拒絕，當內田魯庵問他不去的理由時，他說「不願意就是不願意了」，這些內容在書信中都能讀到。我喜歡這個男人的頑固性格，同時也欣賞他主張的「文學不能成為男子漢一生的事業」。不管怎麼說，在日中戰爭開始之際，我從事編輯了《二葉亭四迷全集》，至今回想都覺得很有意思。

目睹日中戰爭在急劇擴大，我們都感到了事態的嚴重。這一年的八月一日，後來成為岩波書店總編輯的吉野源三郎進入書店。

三木清因為違反治安維持法被檢舉後，所有學校都不准接納他，他只能在新聞領域從業，也還是經常進出岩波書店。

30

昭和十二（一九三七）年九月，我所著的《回憶寺田寅彥》一書在岩波書店出版。該書收錄了我從《寺田寅彥全集》月報，加進寅彥的家人、老朋友們的回憶，以及我的回憶記錄等內容。這是我的第一本書。

這一、兩年來，我明顯感到體力下降，一喝酒就會拉痢，身體消瘦、疲憊，但醫生也說不出是哪裏不好。

昭和十三（一九三八）年初，因為感到十分疲勞，就到位於鎌倉的岩波家休息了四、五天。有天晚上，突然感到腹部劇痛，在疼痛中我覺得好像是有蟲子。第二天，我打電話把症狀告訴了慶應大學的醫學部教授小泉丹仁，他是寄生蟲學的權威。他要我趕忙把大便送去，第二天我向岩波說明原委後把大便交給他，岩波苦笑了一下，把大便裝進了書包。

經小泉的診斷，才知我患的是一種由肝吸蟲引起的疾病。這種寄生蟲依附在鯽魚等魚類身上，人吃進肚子裏後，最終寄生在肝臟內，潛伏期長達七到八年。寄生蟲的形狀像是縮小了的柳樹葉，據説數量能多達七、八百條。儘管在肝臟內不會再增殖，但嚴重時會引起肝硬化。這種病的患者大多集中在岡山地區、琵琶湖附近和利根川流域。我得病的原因，可能就是在某家餐館多次食用了鯽魚的刺身吧。如果寄生蟲進入體內的數量過多，就有喪命的危險，實際上剛才列舉的幾個地方已死了不少人。我想，自己該不會也快要命歸黃泉了吧！

小泉把我帶到在醫學部任助手的武見太郎處。診斷結果表明還未引起肝硬化。

在那之後，在岩波的體內也發現了同樣的蟲子，我倆一同去武見太郎處就醫。因為已經有治療此寄生蟲病的注射劑，我的治療持續了半年，兩年之後體力也完全恢復了。

順便提一句，研究雪的結晶的大師中谷宇吉郎也得了此病，由武見太郎救了他一命。

從那以後，我與武見太郎關係非常密切。目睹武見太郎對待工作和學習的態度，作為外行的我對其淵博的學識感到由衷的欽佩，同時更喜歡他富有人情味、性格堅強又有正義感的人品。我常去武見家，喝了許多不喝酒的主人貯藏的好酒，有好多次是我一個人喝醉的。從武見太郎的生活方式中，不知不覺地我學到了很多。

日中戰爭在不停地擴大，到了昭和十二（一九三七）年十二月，日本軍已佔領了南京。雖然看不清戰爭的前途，但國民仍然瘋狂地支持戰爭。我認為回顧那段歷史，對今天的我們來說是必要的。

岩波茂雄對日本侵略中國一直持反對態度。他總說他不會為日中戰爭捐一分錢，不管壓力多大也從未屈從過。岩波不但是批判反抗，還力求以實際行動表達自己對中國的感情。當時岩波值得尊敬的言行很多，在此不能一一記述，只講其中一件事。

流亡日本的郭沫若，在日中戰爭開戰不久，即從位於市川的家裏單身一人返回故國。岩波得知郭沫若回國的消息後，馬上趕到位於市川的郭家，與家屬見面，表示今後郭家的孩子們，直到大學畢業都由他提供學費。

郭沫若的三個孩子在岩波的資助下完成大學學業，於戰後回到中國。

我們大多數員工都贊同岩波的看法，但也有的人認為支持戰爭是理所當然的。

昭和十三（一九三八）年的春季，我為了治療寄生蟲病，大多數時間都在休息，但仍然不斷思考，作為一個出版人應該做些什麼。我與想法一致的吉野源三郎，和在編輯部負責《哲學辭典》編輯工作的粟原賢三，以及三木清等常在一起商談。

《岩波文庫》已創刊十年，進入了穩定階段。在出版界清一色都是戰爭題材之時，只堅持發行古典的這個文庫，反而吸引了不少讀者，曾經沉睡在倉庫裏的書也都拿出來銷售了。但文庫中被稱作「白帶」的社會科學類[3]，特別是有關馬克思主義的部分，卻全部被強制性停止出售。

審查越來越嚴。過去只有內務省負責審查，但現在就連陸海軍的情報部也借用御用學者們的鬼點子，開始參與「審查」。他們的鎮壓是毫無道理的。

在這種情況下，很難定出新的、正確的出版計劃。文庫作為古典名著的普及版取得了成功，接下來需要捕捉更加現代的題材。當然批判日中戰爭是合適的選題，但從正面直接介入是不行的，只能心有默契地進行。

幾百萬日本的年輕人已經去了中國大陸，今後還將會有大批人前往。這些人關於中國的知識十分匱乏。自甲午戰爭之後，蔑視中國及中國人的思想氾濫，對中國給日本文化帶來多大的恩惠和影響，了無所知。用何種方式才能給這些人提供正確的知識，雖然很困難但卻十分有意義。對於那些渴望不論在任何時代，都能精神充實地生活的人們來說，要知曉的知識是無限的。

出版這些內容，就必須避開嚴格的審查和反動勢力的鎮壓，題材和執筆者的選擇也很困難。

3《岩波文庫》的出版物於書脊下方分為五種顏色（藍、黃、綠、白、紅），各自代表一個至數個分類。

我因為生病，不能全力投入此項工作，就以吉野源三郎為主進行。在吉野的努力下，初秋時節稿件不斷集中起來。到了十一月二十日，二十冊書同時發行了，這就是《岩波新書》。為了叢書叫什麼名稱大家苦思冥想，最後使用了由長田幹雄想出的《岩波新書》。

在那之後又過了很長一段時間，傳來中國重慶也出版了《抗日新書》的消息。《岩波新書》的發刊辭由岩波撰寫，內容對當時的時局進行了尖銳的批評，刺痛了軍部和右翼。當然岩波書店所承受的壓力很大，但讀者的反應強烈，發行後即刻又再版，《岩波新書》一下子就奠定了叢書的地位。

當時已經開始了進行防空演習等，岩波書店的全體人員當然也要參加訓練，由在部隊待過的男人們負責喊號令。我躲在一角，也算參加了訓練。

那是此後發生的事了，晚上我從東京回到鎌倉的家中，只見防護團正在我家門前演習，於是從後院翻牆回到家中。想到妻子也在被迫參加，我更堅定了對一切戰爭行為都不予配合的決心。

31

日中戰爭全然看不到未來，國民生活也越來越黯然無光。作為一名出版業者，失去自由的生活令人難以忍受。我有些隨波逐流，有時對時局也要說些違心話。當時我對國家這一概念，有自己的看法。我的國家概念並非來自書本，而是在現實生活中，看到有多少人在國家的名義下，幹著不義的行徑。我認為所有惡的根源都在「國家」，但在日本，對瞭解國家歷史最重要的皇室研究，卻極度缺乏。

昭和十五（一九四〇）年一月，由津田左右吉執筆的《古事記及日本書紀的研究》、《上古日本的社會及思想》、《神代史的研究》三冊書被查禁，作者津田和發行者岩波茂雄被起訴。那是根據出版法第二十六條：「凡出版有損皇室之尊嚴、破壞政體之安定、搞亂憲政之統治的圖書，對著者、發行者、印刷者均處以兩個月以上、兩年以下的監禁，及二十元以上、二百元以下的罰款。」作出的起訴。津田的第一本書，在大正十三（一九二四）年發行，已銷售了近二十年，受到過文部省的推薦。聽說此事是因「右翼」學者的告發而起的。津田和岩波的態度很值得稱道。事件在昭和十六（一九四一）年五月作出了一審判決，津田被監禁三個月，岩波被監禁兩個月，都是緩刑兩年執行。檢察和被告方都提出上訴，結果在昭和十九（一九四四）年十一月四日，由於訴訟過了時效而免於起訴。這一判決結果，是因戰爭的混亂呢，還是因法院內部對這種無理判決有反對之聲呢，至今不得而知。我對這種告發當然是感到氣憤，但因無專業知識，所以幫不上什麼忙，只能對岩波進行勸慰。

我雖然是寫自己的事，但不可避免會涉及到其他人和事。我在岩波書店一直在岩波茂雄的手下工作。從進店開始，我就對他心存敬意，受著他的影響。岩波是位理想主義者，個性很強。我有時會反駁他，我們之間不斷有爭執、爭吵。但當日本國內整個陷入瘋狂狀態時，像岩波這樣的秉持正確人生觀的人物的存在，顯得尤其重要。所在我在寫自傳時，經常會寫到岩波也是實屬必然。

津田事件發生之後，岩波在熱海建造了一處三十坪的小別墅，由吉田五十八負責設計和監造。這所別墅，用岩波自己的話説，是他一生唯一的奢侈。別墅面積不大，但建築用材十分考究，是一所很不錯的建築。岩波説這個家是為自己而造，但一旦建成，他卻十分熱衷於在家裏招待客人。節儉自己、周到待人，這是岩波的待人方式。建房區內原有一棵櫟樹，不忍砍掉，房子因此而改變設計，便起名為「惜櫟莊」。

岩波在為自己建別墅的同時，也為我們在鐮倉建了新家。

日中戰爭打響已有三年。如果有人想觀察戰爭是如何使人墮落，那麼這一時期如果能待在日本，那將是千載難逢的好機會。但是不可能有人會幹這種事。

前一年，我主張在《岩波新書》內插入一冊有關通貨膨脹的書。當時稍有些進步傾向的經濟學家都不能執筆，因此要發表通貨膨脹與戰爭是如影隨形的這種觀點是很困難的。正因如此，以此來批判戰爭才更有意義。但執筆者卻很難覓見，最後總算拜託到臨時受僱於外務省，在調查室鬱鬱不得志的木村禧八郎。雖然很擔心遭查禁，所幸當局腦筋不好，才算平安躲過去了。出版計劃的制定，常常要洞悉先機，但如走得太前，卻難以引人注目，這就是一個好例子。

岩波茂雄給終對日中戰爭持反對態度。他的觀點雖然從未在自己的文章中表白過，但他堅守書店的出版物，不准有支持戰爭的內容。當時，有個叫蓑田胸喜的右翼分子，經常攻擊岩波書店。岩波在給此人的信中寫道：「弊人所出版的每本雜誌、每冊書均是為學術而作，為社會而盡力的。」

岩波一直為因戰爭而失去研究學問的自由而懊惱。特別是學者們，只去配合戰爭所需，在應用方面耗力，而疏忽了基礎科學的研究。國家只顧讓學者為戰爭服務，而作基礎研究的學者們不但無經費，甚至連生活費都難保。

岩波一直靠出版謀生，賺取利益。他想用自己所得利益的一部分來支援年輕學者們。

有一天他對我講了這一想法，我當然非常贊成。岩波說他想拿出一百萬成立基金，堤經理則說只可用五十萬。我問他說，店裏有一百萬嗎？回答說有是有，但如果全都拿出來，就一點剩餘也沒有了。我鼓勵他說，如果有就全都拿出來，錢還可再賺。岩波露出很高興的表情。

昭和十五（一九四〇）年十一月三日，擁有一百萬基金的財團法人風樹會得以成立，其目的是無條件地對那些從事基礎科學研究的年輕有為的學者進行援助。基金會由西田幾多郎任理事長，高木貞治、岡田武松、田邊元、小泉信三任理事。

十二月二日的傍晚，岩波召集全體員工到屋頂平台上，講了成立風樹會的事情。「我年幼喪父，尚未成年母親又離去，其創傷至今難忘。得益於各位的協助，我方能成就今天的事業，其所得利益絕不能獨佔。今天，日本正處於一個重要時期，基礎科學研究刻不容緩，但從事研究的學者們不但研究經費匱乏，連生活也十分困難。」說到這裏岩波的聲音越來越小，最後哽咽得說不出話來。傍晚的夜空中，他用以拭淚的白色手帕清晰可見，過了一會兒，岩波與眾人打了個招呼就離去了。我們在寒風吹著的屋頂平台上，佇立良久。

「風樹會」當然是隱含了聽風樹的嘆息之意。

在岩波去世後，經商量決定向他的出生地，即諏訪的中洲村贈送《風樹文庫》，當中包括了岩波書店的全部出版物。在今後的日子裏，我想只要岩波書店存在，贈送就會持續吧！這也是對愛和平、愛故鄉、尊重學問的岩波一生的永久紀念。

第七章

太平洋戰爭

32

昭和十五（一九四〇）年到十六年，日本政府對言論出版施予猛烈打壓。說是政府，實際是指那些主張發動戰爭的所有勢力的集合體。如果想瞭解生活在沒有言論自由的境況下的人們，是何等的不堪，只要翻閱一下那時期的報刊、出版物就能一目了然。

報社和出版社為了自保，沒有敢出來反抗的。甚至有的為了迎合當局，不惜欺騙國民。在此我不再列舉有關事實，只希冀那段時期留在言論、出版物上的罪惡印記，不要輕易忘懷。

昭和十六（一九四一）年十二月八日的早上，我從家裏趕路去鎌倉車站。途中，在必經的寺院山門的柱子上，看到張貼的傳單，得知在南太平洋上，又發動了新的戰爭。我呆立了一會兒，想到該來的還是來了。從夏末以來，三木清就一直說日美戰爭不可避免，還真是讓他說著了。

在岩波書店，我從以前就一直想要出版少兒讀物，但終未實現。在當前形勢下，出版正確的少兒讀物尤顯必要。昭和十六（一九四一）年初，出版審查更加嚴格，即使是少兒讀物，只要屬於社會科學領域，就不能放開講真話。這樣一來，就只能用自然科學的形式，向少年兒童灌輸科學性的思維。

我制定了計劃，岩波茂雄聽説要出版面向少年的讀物，就叫我去與島崎藤村或倉橋惣三等人協商。我反對這樣做，因為這樣一來只會又出版與過去雷同的作品。應該與年輕的科學家們談話，再把他們的話以易懂有趣的方式寫出來。我堅持自己的觀點，不肯讓步。最後意見還沒有統一起來，我就著手工作了。

我很清楚，科學家們雖然能寫大部頭的專業論文，但要讓普通人，特別是讓孩子們也能理解的道理，卻不一定能寫得出。如果採用由科學家口述，然後整理成文的方式，雖然難度很大，但我想可以嘗試。之所以敢這樣做，是因為我覺得在科學面前，自己與孩子也差不了許多，只要我能懂，孩子們也一定能懂。

在太平洋戰爭爆發後的一周，《為少國民》叢書發行了。其中有中谷宇吉郎的《雷的故事》、有馬宏的《挖隧道的故事》、日高孝次的《海流的故事》、內田清之助的《候鳥》、宇田道隆的《海與魚》，共五冊，除中谷的之外，其餘四冊都由我執筆。該叢書用這個方法出版了十三冊，就迎來了戰敗。與我一起完成原稿的，還有長谷川千秋寫過一冊、中垣虎兒郎寫過兩冊，這二人現已離世。通過這項工作，我掌握了從別人那裏得到話題，然後整理成文的寫作技巧。

隨著戰爭的發展，岩波書店也有不少職員應徵入伍。就算不是去戰場，也是徵用到軍需工廠勞動。用紙被控制，原稿不經審查不准出版，出版自由被完全剝奪了。對岩波書店的打壓雖然日趨強烈，但卻絲毫沒能動搖岩波對出版的信念。

岩波對員工說：「不能做生意的話，就去當農民好了。」堆積在倉庫的書被不斷售出，新書的發行也很好。這表明即使不是對戰爭唱讚歌的書，只要內容真實，讀者還是喜歡的。這也更增加我們的勇氣。

戰場的士兵也愛讀《岩波文庫》的書，要求列為撫恤品。陸軍雖然憎恨岩波書店，但難抵士兵們的要求，陸軍的恤兵部向岩波書店發來大量訂單，紙張得到保證，費用也得到確保。戰場上的年輕人在間接地支援岩波書店，令我們深為感動。

我的兒子堯彥在昭和十七（一九四二）年開始上小學，是個活潑的孩子。夏天，我們一家到北輕井澤的岩波家的山間別墅裏小住了一段日子。

堯彥説學校佈置了作業，要求用蠟筆繪畫。但他不喜歡，拖拖拉拉的，被他母親訓了一頓。我鼓勵著兒子，用蠟筆一起畫起來。過去我不擅長畫畫，在小學階段只有圖畫和習字的成績是乙。自己雖然不會畫，但喜歡看畫。

但現在與兒子一起畫，卻感到非常有趣。在北輕井澤的一個星期，我畫了幾幅蠟筆畫。

回到東京後，仍然忘不了畫畫的事。妹妹千歲的丈夫大河內信敏，他的哥哥信敬是位畫家。與信敬商量之後，我決定畫日本畫。池上秀畝的弟子中有個叫堀田秀叢的畫家，就住在下谷清水町的大河內家附近。大河內信敬雖然是畫油畫的，但他說與我一起畫，於是二人就一同去了堀田處。

秀叢雖然畫得一手好畫，但不像是位出色的畫家。他說，那就從「四君子」開始吧！然後畫了一幅蘭花的樣本。學習方法是這次拿到樣本，下次就帶去幾張照樣本畫的習作。我在去了五、六次後，覺得這樣不妥，跟著學的結果是自己也會成為同樣的畫家。我想只有根據自己內心所想去畫才是重要的，於是就打算不跟這位先生學了。我過去就一直對南畫感興趣，既然自己沒有時間，那麼學習相對省時的畫法也好。另外，用墨在紙上畫是無法修改的，下筆之時更要求精神貫注。

要寫生，要欣畫好的畫作，這些都不能懈怠。開始練習後，發覺真是有趣，我變得沒有一天不在想著畫畫的事。

我不停的買畫具和這方面的書，並結交了畫畫的朋友。在丸大廈裏有一家叫和風堂的賣翰墨的商店，店主人是馬場一郎，號一路居士。他雖然是商人，但很有學識，和風堂這一店名是夏目漱石起的。這人畫的是文人畫，我經常光顧這裏，與店主交談繪畫，並請他看我的習作。我的老朋友都笑我畫畫，只有一路居士毫不取笑，這無形中給了我勇氣。

中谷宇吉郎從學生時期就開始繪畫，不知從何時起我們一起畫起畫來。在那個出版事業很不如意，甚至連酒也喝不上的年代，我著迷似的愛上了繪畫。傍晚回到家，顧不上吃飯就開始畫，早上出發去東京前，也利用僅有的一段時間拿起畫筆。在電車中甚至在如廁時也在看繪畫的書。我臨摹過中國名畫家的畫作，在我眼裏，身邊的一切都可成為繪畫的題材。在那個年代，我能熱衷於繪畫，對我來説可以説是重要的一步。

33

昭和十七（一九四二）年，是岩波書店創業三十年。岩波茂雄想搞一個紀念活動，從春天就不斷提起此事。我們都覺得時局不好，還是不搞為妙，但岩波聽不進去。岩波説，不是要搞祝賀會，主要目的是要感謝那些幫他成就事業的人，如果不利用這一機會，就一生都難以表達感謝之情了。岩波頑固地堅持著自己的主張，但即便邀請來客人，卻連招持客人用的食材都難以找見，岩波於是親自出面，為準備食材而奔波。

十一月三日，在東京會館舉辦了題為「三十年回顧感謝晚餐會」的晚宴。這充分顯露了岩波的人品。

晚宴共有五百人與會，遺憾的是在這裏難以一一記述他們名字。看到這個場面，我為岩波茂雄在當時的時代裏，被如此眾多的一流人物所擁戴，而感到激動不已。

這次晚餐會，被對岩波及其支持者心懷恨意的傢伙們，稱為「自由主義者最後的晚餐會」，想必會成為戰爭中的記錄之一。

我尊敬岩波的這種頑固。用這種形式表示對時局的反抗也是很有意義的。

昭和十八（一九四三）年五月，中央公論社的職員遭逮捕，吹向出版業界的狂風來得更急了。

到了昭和十九（一九四四）年一月，中央公論社、改造社的編輯人員又有許多遭逮捕，這就是所謂的「橫濱事件」。

我努力工作，即使出版的事情不能隨心如願的進行，也要在這不自由的時候，盡其所能地做些能做的事。一方面，我又全身心地投入自三年前開始的繪畫中，自己對繪畫竟然有如此高的熱情，這連我自己都感到吃驚。

初夏時節，我與在中國工作的攝影家名取洋之助結識，關係密切起來。

名取的本部設在上海，工作地域延伸到了漢口方面。他雖然從事陸軍方面的工作，但對日軍的做法持批判態度。名取不斷邀我去中國，我很快就動心了。我早就想去中國看看，只是沒有機會。當時中國的主要地方已經被日軍佔領，太平洋戰爭亦已打響，事態急劇變化。在國內光聽傳説，難明實況，莫如實際看看更好。並且我對中國早已十分關心，特別是從自己開始畫畫以來，對「南畫的世界」究竟是什麼樣子也充滿了嚮往。名取表示如果我來中國，逗留費用由他承擔，這對身無分文的我來説是非常必要的。

在七月的酷暑中，我獨自去了京都和奈良旅行，想在去中國之前再看看這些地方。我對日本的古老文化知之甚少，但在思考中國與日本的關係時，必須拋開目前日本人的傲慢心態，從日本在古時從中國那裏受到了何等的恩惠和影響方面去觀察、思考。在京都和奈良幾乎看不到遊客，在寂靜中我荒蕪的心靈得到了洗禮。

我在八月初就出發了。要離開書店必須找點理由，我説名取要在上海開始他的事業，為此要作事前調查，這樣就獲得了允准。能否行得通另當別論，我也想利用名取手裏大量的紙張，看看可否在上海搞出版。

岩波給了我五千日元作為旅費，但這麼一點錢不可能夠用，我就隨身帶了點首飾之類的東西，準備應急。

我第一步想去看看「滿洲」，有個叫平田末吉的，他幫我與陸軍省疏通，弄到一張從博多飛往長春的機票。出發之前，我到住在伊豆伊東的露伴處辭行，露伴擔心我的旅行安全，我也祈禱露伴的平安。

八月五日，乘火車到了博多。當天晚上，這地方發生了小規模的空襲，我第一次有了被引導進地下室避難的經歷。又過了兩天，飛機才起飛。從博多起飛後不久，就看到了只相隔一條狹窄海峽的朝鮮，距離如此之近令我感到吃驚。

在長春結識了松方三郎，他與我一起去吉林，在長春也見了許多人。乘飛機去哈爾濱時，對這個國家之遼闊，有了真切的感受。日本人雖然處於佔領者的位置，看起來卻顯得淒慘，倒是被佔領地的人們更加堂堂正正，這給初到中國的我帶來了很強的刺激。

從長春到瀋陽，然後又乘火車到了北京。在這座古都裏，全然看不到被日本人佔領的蹤跡。我住在畢業於日本的物理學家錢端仁的家，在二十天的時間裏，我喜歡上了北京的風景。這期間也去了大同看石佛，京都大學的人們正在對這所寺院進行研究，我借住了幾天，看到美麗的佛像、欣賞了蒙古的月夜、聽到過從遠方傳來的狼叫聲。在日中戰爭中，如果說日軍做過一點有益之事的話，那恐怕要算是保衛大同石窟了。當時日軍的一個小隊保衛了石窟，使其幸免於被盜賊偷掠。

九月初從北京去了上海，是乘同盟通信社的飛機去的。在從上海機場前往位於南京路靜安寺的名取家途中，我感到這個大城市擁有一種極大的活力，為之而興奮。

名取家裏有傭人和廚師各一人。名取因為去了漢口，家中無人，我一個人就住了起來。上海有許多日本人，在街上行走，總能碰到日本人，其中包括我的幾個熟人。但我還是覺得不與日本人見面為宜，只是與內山完造見過幾次，他從以前起就是中國人的朋友，在上海開有書店。我與在上海開辦開明書店的夏、章二人結識，也是內山完造介紹的。聽說二人曾被日本憲兵隊逮捕，受過嚴刑折磨。二人將我帶到據說是魯迅常光顧的一家叫做言茂源的酒館，這是一家喝紹興酒的酒館，看介紹人的面子，此後我一個人去時也受到歡迎，讓我喝上好的紹興酒。好不容易才迎來上海的深秋，我懷著鬱悶的心情獨自走在上海的街道，晚上就去言茂源喝酒。在我看來，上海人比北京人更富有生活的情趣。一些穿著國民服打著裹腿的日本人，帶著絕望的表情走在街上，看上去很淒涼。

上海的通貨膨脹正在醞釀中。

34

在北京，由日軍發行的「聯銀卷」已成為通貨。我帶的是日元和支票，到這裏就不好使了。可能是因為「物價高」的緣故吧，從旅行者的角度看，我覺得聯銀卷毫無價值。到大陸後不久我即察覺到，同樣的東西這裏比日本還要貴。

在北京，我聽說上海物價更高，通脹在急劇發展。

在東京時岩波所給的五千日元旅費，儘管很是節儉使用，但到上海時已經用光了。名取洋之助不但為我提供住宿，還給我零用錢。但總用人家的錢，心裏覺得不自在。出門旅行時我要了妻子的鑽石戒指，當時在日本值一千元，這拿到上海後竟換了十萬儲備券。當時儲備券對日本的比值是八對一，實際是貶得更多。

離開日本時，我就想好好瞭解一下上海的通脹。上海這個城市所具有的活力，以及生活在這裏的國人，他們如何看日本，這從通脹的情況即可得到印證。儘管日本使用武力侵入他國，並想加以統治，但運用「權威」所發行的「貨幣」卻毫無信用。

我從內山完造等人那裏，早聽說了中國的智慧。他們對不信任的政府所發行的印鈔，是絕不會相信其價值的。拿到鈔票，馬上就會換成實物，不會像日本人似的信任「衙門」，甚至盲從。

我從來到上海開始，就決定用這種眼光觀察當地人的生活。

上海的確是個很有韌勁的城市。那種充滿耐力的感覺，是日本所沒有的。如果將中國人和日本人加以比較的話，在各方面日本人都顯得弱小，因為日本本身就物資匱乏。到這裏一看，所有的商店裏，商品都極豐富。一副怯生生表情的是日本人，而中國人則顯得更堂堂正正。

如果把我在上海的所見所聞都一一記述，那就太多了。我從白天到晚上，一個人在大街上走，食物很是美味。我在街上尋找食店時，會選那些看起來有些髒，但客人很多的小店。看到人們在津津有味地吃，我問好吃嗎，大部分人都會笑咪咪地說「挺好」。選擇這類食物來吃的話，是不會有錯的。

我每晚都會去言茂源喝紹興酒，非常好喝，至今難忘。聽説魯迅幾乎每天都光顧此店，這更使我感到高興。那時也正好是江南蟹子味美的季節。

言茂源位於上海中心地區賽馬場的附近。每次我帶著喜悦的心情去那兒時，總有一群討飯的可愛孩子們在那兒。我漸漸地與他們成了朋友，每次一見到我，他們就像可愛的小狗狗一樣圍著我，鬧著嬉戲著。

我唯一做的事情就是在街上散步，只要溜溜達達地走，我就感到高興。但我也有一項工作，那就是挑選幾個百貨店或小商店，將其中商品的價格記到小本子上。我又把喝過的咖啡或紅茶的價格也一一記下，這樣過一周後再去，同樣的東西，價格總是又再漲高。

對付通脹的辦法，就是不長期保留貨幣。但生活在其中的煩躁心情，是無法用筆墨能表達得出的。沒有比生活在通脹中的人們更不幸的，也沒有比通脹更能使人墮落的。我在上海親身體會到，日本以為用槍炮控制了中國，但他們的經濟政策是徹底失敗的。這就是日本的「實力」。

對於通脹，我有不理解的問題，就會去請教橫濱正金銀行支店的經理堀江薰雄。我在上海實際觀察到，通脹不是「物價上漲」，而是「貨幣價值降低」。在《岩波新書》中，木村禧八郎所著《通貨膨脹》一本是為了批判戰爭。我在上海實際看到的，更印證了戰爭與通脹如影相隨這一道理。也看到了民眾的背離令通脹加劇這一現實。

上海已進入深秋。這裏也鳴起空襲警報，蔚藍的天空中有B29飛過。我在想著日本的情況，聽說想回日本也不是那麼容易回去了。原先想像著戰場在南方很遠的地方，現在已是日益逼進日本列島了。

日本的幾個熟人也都在上海，我見過高見順、阿部知二、田村俊子，與出席「大東亞文學家會」的土屋文明、長與善郎等人也見過面。

我去了南京，在那裏玩了大約一周。在玄武湖泛舟，在莫愁湖畔徘徊的印象，難以從記憶中抹去。

我非常喜歡蘇州的景色。郊外的寒山寺比想像中的簡陋。中國的大多數東西，對我來說都很有魅力。對南畫中的山水有了理解，也在菜市場發現了中國蔬菜的色澤與日本的很不一樣。

真想就這麼待下去，另一方面卻在思念故鄉。據報道說，在日本名古屋接受治療的汪精衛死去了。

我不過只到了中國的幾個城市，這些城市都被日本軍隊用武力統治著，但看上去，人們的生活並沒有很大變化。與此相對應的是，日本國民的生活變化巨大，在上海我已清楚地感到日本的敗局。

終於到了十一月的月末，因為看不到從上海乘飛機回國的希望，決定經南京、北京、瀋陽、朝鮮回國。

從上海出發乘火車去南京，到了離南京已不遠的地方，車停了很長時間，聽說是南京有爆炸發生。好不容易到了南京站，看到站前廣場上炸了個大坑，被炸死的人躺了一地。

第二天一早從南京出發去北京。當時火車經常會受到襲擊，但我確信，我會平安到達北京的。我乘坐在晚秋初冬的火車上，看著窗外廣闊的平原風景，過了兩天。

在北京又碰到了在上海曾見過的長與善郎，我們在北京飯店同住一室。從上海到達北京，我更加感到這座城市的沉穩。因為習慣了上海的貨幣觀，在北京給小費時就變得豪爽了，情況很奇妙。

在瀋陽，我在義弟種田孝一的家裏住了兩、三天後，橫跨朝鮮，從釜山乘船到達下關。在船上遭到日本特務的檢查，到達鎌倉的家中時已是十二月十日左右了。

經過四個月的旅行，返回東京時，東京幾個地方已經遭到轟炸，整個城市滿目瘡痍。

35

昭和二十（一九四五）年的元旦過得很是寂寞。每年一月五日，畫畫的朋友都會聚集到我在鎌倉的家來玩，是在一路居士周圍的畫文人畫的一夥人。這一天是一路居士的舊主人的忌日，當天居士總要去位於建長寺的墓前祀掃，然後再到我家來。這一年到了元旦仍是空襲不斷，我想他大概不會來了吧！正在此時，傳來一陣敲門聲，開門一看是一路居士。拿下頭盔，他的額頭上佈滿了汗珠，想必是掃完墓後趕過來的。不論是在怎樣的時局下，該幹的事也是要幹，我被居士的這種氣魄所感動。

人們不斷被疏散，如果就這樣在東京待下去，說不定真會被燒死。但是也得有可逃往的地方才行，也要有搬運行李的門路或手裏有錢的才行，如果這些條件都不具備，那就只能乾著急了。我也在考慮疏散家人的事。

岩波的家人都住在鎌倉，長子雄一郎因病臥床，被每天的警報聲嚇壞了。

我在考慮將家人安置到我的老家去。三月九日，我一個人去了赤穗，並決定將家人拜託給住在同一個村子的姐姐。我的這位姐姐在家裏的女孩中排行第二，她的丈夫留下七個孩子早亡了。姐姐性格堅強，一個人守護著家庭，養育著子女。六個孩子中，前邊的五個均出征上了戰場，她與長子媳婦和小兒子三人在苦撐。我就借用了她家的一棟房子。

我離家期間，東京又遭到使用了燃燒彈的大空襲。

家人去了信州，我一個人獨自留在鎌倉。

這一年的年初，岩波茂雄成為了東京市多額納稅議員的候選人。在當時的時局下，還要當貴眾院議員，也不知他是怎麼想的。戰爭必敗無疑，岩波自己也是反戰的，就算這樣仍要進入承擔戰爭責任的圈子去？我堅決反對，岩波卻說是必須要為戰後的事情著想。岩波本來就是一個對政治很有興趣的人。儘管我是不贊成的，但選舉的事務仍是落到我的頭上。三月十日，我前往在大空襲中被燒毀的東京近郊，帶著一種焦慮而又可嘆的心境，走訪了有投票權的人們。

三木清在太平洋戰爭爆發後不久，就被徵用去了菲律賓，半年後又被放了回來。由於戰事仍在發展，情況已不容許他執筆。三木叮囑我們，即使痛恨戰爭，也要忍耐，要低姿態躲過這場風暴。有這種想法的還不光是三木，大家都認定戰爭終會結束，已為時不遠，我們要耐心等待。

岩波的選舉，由三木清出面助選。他與女兒洋子，從疏散地的埼玉縣鷲宮町，隔天來一次。三月十二日，三木對我透露了一個重要消息，說「高倉輝逃出警視廳後來找我，我留他住了一晚，給了他錢和衣服。」關於此事我之前已有詳細記述，在此不再重複。

岩波所參加的選舉在三月二十七日舉行投票，他以絕對優勢戰勝對方，高票當選。到了第二天，三木到岩波書店與我交談。大概到了十點左右，來了兩個特務警察，把三木帶走了。三木最後留給我的話是：「孩子們就拜託了！」

露伴從兩、三年之前就臥病不起，我經常去看望他。他與女兒文、孫子玉三個人，在小石川傳通院附近租了房子，靜靜地生活著。露伴對我說了一些大概不會對其他人講的話。他得意地對我說：「又作了這麼個句子，你看看！」下面這兩句是他給我看的其中兩句：

「前方修羅化為去峰，

此處留下的只有殘暑。」

三月十日以後，我們開始著手考慮露伴的疏散問題。我的家人已經去了信州，但如果遇上空襲，一個人不能挪動的露伴怎麼辦呢？考慮再三，最後決定讓他去前年過世的八代夫人曾住過的信川坂城的家。我因為要忙岩波的競選，脱不開身，只能送他到上野車站。看到被擔架抬著，在擁擠的人群裏被送上火車，倚坐在一角的露伴，他蒼白的髮鬚、一臉的病容，深深地印在我的腦海裏。在這個時候，露伴又作了一句：

「初春乍暖　轎夫助吾火車行」

當時，出版的工作已經全部停了下來，店員也減少了。因為沒有出版物，鎮壓也暫時消失了。我已經滿四十歲，超過了被徵兵的年齡，但如果連四十歲的人也要徵用的話，那就肯定是逃不掉了。我的幾位朋友也遭到了鎮壓。去年，羽仁五郎去了北京，說是要一直待到戰爭結束，結果也被逮捕了。真是一個混亂不堪的世界，我擔心，自己說不定甚麼時候也會遭遇不測。

在這樣的情況下，我專心地學起繪畫來。我從很早開始就有觀賞畫作的習慣，原本以為自己不會畫，但一經嘗試，竟覺得十分有趣。並且內心也開始認為，只要努力學，說不定也能畫出名堂來。

在有些人看來，在時局混亂到連明天會怎樣都不知曉的情況下，還學什麼繪畫，簡直是異想天開。但是我卻認為，繪畫不是畫給別人看的，畫好畫、畫上乘的畫並不是我追求的目的。

繪畫不是技術，是自我內心的表現形式，它不代表自己以外的任何事物。如果自己內心骯髒，那麼絕不可能畫出清亮的畫作。繪畫如鏡，而且就像內窺鏡一樣，會如實地表達出內在的一切。

當然如果開始畫，就要不斷求長進。但並不是只追求技法的進步，而是要追求人格的提升。沒有高尚的情操，是不能畫出好畫的。

文人畫的習作之路，也就是人的修煉之路。

我仍是每天去東京，有時也會留宿。有一晚遇上空襲，周圍都被燒了。來往鎌倉和東京的電車經常會停駛，如果那是晚上回程的時候，乘客就會相當焦躁。我穿著登山服，戴著登山帽，背著一個小背包，拿著手杖。背包裏裝著麵包、薯乾等食物，外加威士忌酒，另外還有救急用品和陶淵明的詩集。累了就喝杯威士忌，餓了就吃點麵包，如果電車停下不走，就讀讀陶淵明的詩。

有一天我突然開悟，明白到「身在何處又何妨」。從那之後，心情放鬆了許多。

回顧當時那段時光，會覺得非常漫長，又覺得很短暫。

家人去信州時將家裏的東西打了包，但當時已無法託運，包捆就這麼存放著，家人們什麼都沒帶就出發了。有一天，在鄰村的農家裏遇見了一個有些奇怪的人，我說了行李的事，他說自己可以幫忙運送，並說用牛車來運。我覺得有些危險，朋友們也說，交給一個陌生人來辦，確實是令人不放心。

但最後我還是信了他，將行李拜託給他。這人名叫西山丸治，住在國府津的大後邊。他和他的牛車裝著行李，於五月五日左右向信州伊那走去。

五月八日，照例是大詔奉戴日[1]。當天，北海道大學的中谷宇吉郎來岩波書店拜訪，我就邀他到了鎌倉。我和女傭兩個人住在鎌倉，晚上，我與中谷邊喝著威士忌邊畫畫，一直到很晚，連畫具都沒收拾就睡了。第二天也就是九日的早上，門口出現了六個樣子很凶的人。

1 從太平洋戰爭開始直至二戰結束，為配合戰時體制，於每月八日舉行的國民運動，內容包括高舉國旗、吹奏國歌、遙拜皇城等。

第八章　遭逮捕

36

來人自稱是神奈川縣的特高[1]，拿著一張逮捕令，那是由一名叫山根的檢察官開的，說是我有違反治安維持法的嫌疑。他們闖進屋內，先在各個房間打量了一下，其中一人一直跟著我。中谷宇吉郎害怕地盤著腿，坐在被子上。一個刑警問我他是誰，我回答說：「是中谷先生。」他說：「原來是畫畫的先生。」

刑警在搜家，我和中谷則在飯廳裏吃早飯，因為刑警就站在旁邊，所以也不能說什麼。刑警打開廚櫃，看到裏邊有幾瓶威士忌酒，就用厭惡的口氣說：「真是應有盡有啊！」我說喝一點如何，他馬上生氣地說：「混蛋！能在嫌疑犯家裏喝酒嗎？」

搜家完畢，他們拿了幾件被認為是證物的東西，我用一種「你就搜吧！」的心情看著他們。因為我早已預料會有這麼一天到來，沒有保留「危險」的東西。

---

1 特別高等警察，為當時日本帝國的秘密警察組織，以「維持治安」的名義打壓反對思想，並對疑犯進行嚴刑拷問，令當時的民眾風聲鶴唳。

我穿上登山服，把隨身用的東西裝進背包。去了鎌倉的警局後，乘電車在橫濱站下車，然後又轉乘市內電車，下車的地方是東神奈川警局的附近。走進警局的玄關，我記起大正十二（一九二三）年九月的關東大地震時，在去鎌倉途中投宿的地方正是這裏。

稍喘了口氣，我就被帶到審訊廳。他們什麼也不說，拿著竹刀徑直朝我打來，並罵著：「這傢伙還挺沉著的嗎！」還有一個說，看到我在進大門時笑了一下。這一天只是挨打，對逮捕我的理由是什麼都渾然不知，是共產主義者？還是反對戰爭？

傍晚，我衣衫襤褸地被扔進了拘留所，裏邊已經有十來個人。從前我在銀座打架，曾被關進過拘留所，還有在《在新科學的旗幟下》時，作為演講會的主辦者，並窩藏了當時的禁書，也曾被關過。因為不是初次，心裏比較冷靜，只是被打的身體疼痛難耐，站不起來。有位看起來很嚴肅的前輩，聽說我是違反治安維護法的嫌疑犯，馬上訓斥屋裏的人閃開，讓我躺下，並輕輕地撫慰我，嘴裏說著：「好了！好了！美國人會來為我們報仇的！」

從第二天開始，我每天都被帶去用刑，刑警有兩人，他們好像在互相比試著，看誰來得更狠。他們要我自己交代所幹的事情，但我從未幹過犯法之事，再者，即便在嚴苛的法律下有觸犯了什麼條例，我也不會加害於其他任何人。

我邊受刑邊在想，要弄清楚他們是用什麼證據檢舉我的。有一天來了一個刑警，地點仍是在三樓審訊廳的一角。這時，局裏的一個特高趕來，通知審訊我的刑警，要他接電話，他們私語了一會兒就下到二樓去了。我趁機從他放在桌上的包內取出資料，趕忙看起來。我翻看卷宗，發現在末尾處寫著「檢舉小林勇，要對岩波書店內部的左翼組織予以逮捕。」口述者是以前在岩波書店工作的一個叫藤川的人。因為知道了檢舉我的人，心裏有些放心了。岩波書店內不可能有左翼組織，警察對藤川逼供的理由，大概是要像對付中央公論社和改造社那樣，砌詞把岩波書店摧垮吧。藤川在戰前曾有過進步的言論，太平洋戰爭爆發後轉為協力派，去了其他出版社。警察逮到這個頭腦發瘋的人後，嚴刑逼供，因為經不住拷打，供出了我的名字。這是戰後重新回到左翼的他親口講給我聽的。藤川抱歉地說：「太苦了，覺得還不如死了的好，對不起！」我不會饒恕這種卑鄙小人。

五月的一整個月，我每天都被用苦刑。從被逮捕那天起，我就立下了三個誓言：不要想早點被放出去；不能幹卑鄙之事；注意健康。如果盼望早點被釋放，就會向他們屈服。雖然這麼說，但總是會想家裏、店裏的事，這種時候我就用「身在何處又何妨」的話說給自己聽。我雖然厭惡戰爭，但多少還有些自由。即使待在這裏，也不知什麼時候會被徵召入伍。後來又過了很長時間，我問特高，如果來了入伍通知書，是不是就會被釋放？他說：「像你這樣的還想被釋放！」我心想，這下不用去戰場了。

拘留所既小又髒，吃的東西更是差勁，長期下去，身體所需的營養會遠遠不夠。被關起來的，都是犯有小「惡」的人們，在這裏邊也發生過各種有趣的事。這使我想起了陀思妥耶夫斯基在《死屋手記》中所描寫的情景。

如果對進出這裏的人們作表述的話，我覺得很像一九四五年日本的縮影。即使被檢舉和拘禁，也能耳聞美軍空襲的情況。終於在五月二十九日，有一百架以上的B29轟炸機飛到了橫濱的上空。東神奈川警局因為是混凝土結構，很是牢固。轟炸開始，不一會兒周圍就變成了一片火海。被拘留的人們想逃也逃不出去了。不一會，火從窗戶衝入室內，人們一片騷亂，連被拘留的人們也被放出來幫忙滅火。但只有我和同室幾位重犯的手被捆著，被放到走廊一角，被煙薰得十分難受。

橫濱在一夜間化為廢墟。從拘留所的窗戶可以看到在廢墟中行走的人們。從那天之後，我們吃的東西就更可憐了。我多虧有岩波家的少量補貼，以及便當店的人們和看守的同情，才僥幸活了下來。

對我的調查，不知何故，最後集中到《岩波新書》上。聽刑警說，不管我多麼嘴硬，他們都一定要按既定方針，把岩波書店毀掉。進入六月，我被要求從新書的策劃開始，一冊一冊地把出版意圖寫出來。我知道即使早寫完也不會被釋放，再者也不能按他們所希望的去寫，於是索性放慢寫的速度。

特高不停地追問在岩波書店與我一起工作的吉野淵三郎和粟田賢三的事情，並說「那些傢伙已被我們逮到了，你的事我們也都聽說了」云云。我知道他是在套我的話。

到了七月，特高幾乎不來了。儘管繼續要我反省，但沒有什麼審問，我為著能輕鬆下來而高興。

家人都在信州，肯定平安無事。其他的事，即使在這裏想也於事無補。我拖著削瘦的腿腳，注意維持健康。

託給那個看起來有點奇怪的西山丸治的行李，不知道是否已平安抵達？如果收不到那也沒辦法。信任了一個不知底細的人，也沒什麼後悔的。到了六月，妻子從信州來警局看我，在短暫的會面中，我得知行李已經運到。西山吃了很多苦，才將行李平安運到。這些是後來才聽說的。

37

昭和二十（一九四五）年八月，是日本人難以忘懷的日子。當時我還被關在東神奈川警局，徘徊在生死線上。其實我並沒有意識到什麼，但即使在拘留所這個特殊的地方，也會有外面的消息傳進來。我待的時間也長了，成為了「獄中名人」。每天我所住的房間都會更換幾個人，能觀察出不同人的各種不同特點。

在這種環境中也能感覺到，戰爭已經接近失敗。

七月份一整個月沒有進行的提審，到了八月又開始了，並加進了拷問。到了傍晚，筋疲力盡的我搖搖晃晃地走回拘留所，看守看到我的樣子奇怪地說：「剛進來時已用過刑了，怎麼還這樣折磨人呢？」我知道只要我不照特高們所希望的說、只要不說謊胡扯，挨打還將繼續。

大約過了三、四天，我正在被拷問時，有人報告說，檢察官要見我。特高慌忙停下拷問，讓我回拘留所後就溜走了。我再次被傳喚，上樓梯時從旁邊放著的鏡子裏看到了自己的臉。我跟隨刑警去廁所，慢慢地解了小便。洗手間裏有面鏡子，一照看到我的臉腫得厲害，滿臉都是血。刑警命令我洗臉，我說：「我每天只洗一次臉。」回絕了他。

我坐在檢察官的對面，他看到我嚇了一跳，問我的臉是怎麼了。我默不作聲，他問是誰幹的，我看著他說：「難道不是你的命令嗎？」山根檢察官不無尷尬地說：「說什麼呢！我沒有下過這種命令。」

檢察官不再提特高對我審問的內容，只說：「老實交代對你有利。」之後，檢察官從包裹取出一封信，問我說：「你與露伴先生是什麼關係？」我說是書店出書的關係，他聽了露出一副吃驚的表情，交給我一封信讓我看，是露伴寫給我的。

「別來無恙。知你遭拘，甚憂。怎奈病衰之身，不能相助與你，甚是慚愧。只盼你堪忍厄運，相信天道，安離苦海。你處事坦蕩，無愧於蒼天，只祈禱誤會消解，早日獲釋。有道是烏雲散後是晴日，你服務眾生之路還長久矣！孔子教人以直報怨，要懷人不知而不慍之心，泰然待之。

願上蒼早日還你清白。遙祝平安！」

讀了兩遍，大意雖然明白，但有個別難解的詞語仍沒弄懂。我強忍住滿眼的淚水，仔細看著信。檢察官催著把信給他，小聲嘰咕著說：「露伴先生如此厚愛你，不得不好好考慮。」又說：「這封信就由我來保管。」

我知道露伴在信州坂城已臥床不起。書信使用了和紙，並用毛筆書就。字是他的女兒文寫的，我雖然一眼就看出來了，但沒必要告訴檢察官。我去看過一次在坂城的露伴，房子很考究，但光線灰暗，我在那裏見到了他。我彷彿看到了露伴在那個房間裏，向文口授書信的情景。

這封信時至今日也沒有回到我手裏。山根可能認為那是露伴的手筆，從我手裏搶走後珍藏起來了吧！也許他或他的子孫將其賣在古書店裏，流落到市面上也不得而知。

後來，我從文那裏拿到了她作筆記時的原文，正因為有它在手，我現在才能引用書信的全文。

見過檢察官的第二天，特高又叫著：「混賬竟然給我告狀，你認為這樣做我就會手軟嗎！」說著，就打得更凶了。

廣島被投下原子彈的消息我是在第二天才得知的。我聽到刑警們在說：「是一種新型炸彈，三十萬人被炸死了。」

聽說俄國也參戰的消息，我想，自己也到了是被救出還是被殺掉的關鍵時候了。不能就這樣白白死掉，我下定決心，就算殺掉一兩個刑警也要逃出去。

但是我沒有被殺掉，就這樣迎來了八月十五日。聽說中午有重要廣播，我想可能已經確定戰敗了吧！在兩、三天之前，縣裏的特高部長讓我看《波茨坦宣言》，讓我談談感想。開始我說了些敷衍的話，部長很是生氣，我反問道：「你覺得日本會敗嗎？」他回答不上來。我接著說：「日本是不會敗的吧，所以沒必要考慮這個問題。但是，如果萬一敗了，這個公告的條件也不是太苛刻。」說完我就溜掉了。

中午，被拘留的人們也全部被帶出去，和局裏的人員一起集中到禮堂。我一個人被留下來，在寂靜的拘留所內，聽到從遠處傳來的天皇的聲音。

結束後，除我之外其他人全部都被釋放了。這時我感到了孤單。看守們也對只留下我一個人感到奇怪。這天下午，我被叫到特高室，這個局的特高課長完全變了個樣子。他親自為我倒了茶，並說：「先生，我們今後會怎樣呢？」我笑了笑說：「沒什麼好擔心的，不會追究到像你這種小人物的份上吧。」我看了一眼窗外，只見晴空下，被燒過的原野一方仍有電車在行駛。我說：「你看那邊，百姓看上去並沒有垂頭喪氣，而是充滿喜悅！」

我成為在這裏唯一被拘留的人。白天也在獄房裏，鋪上破被子睡起覺來。警察正在分著以前藏起來的東西，空地上正在燒著書。我經常跟著看守只穿一條短褲在燒過的地方散步，之所以脱成半裸，一是為了多曬曬太陽，二是省去看守對我逃跑的擔心。

又過了兩周，到了八月二十九日，我被釋放了。理由是「不必拘留」。

傍晚，我把便當店老闆的女兒愛子給我的鹽鮭魚裝進背包，氣喘吁吁的掙扎著回到鎌倉。

第九章
岩波之死及其他

38

我被帶到橫濱之後，岳母岩波吉和岩波的長子雄一郎，因為我家空著就住下來了。雄一郎自前年患上胸肺的疾病，正在療養。

看到我的歸來，雄一郎激動得哭了。看到他衰弱的樣子我感到吃驚，他看到我被折磨的淒慘樣子也感到悲憤。

晚夏初秋的鎌倉景色十分優美。剛從「豬圈」中解放出來的我，周圍的一切看起來都如此的清靜美好。街上充滿了戰爭結束後的喜悅氣氛。我一方面掂記著雄一郎的疾病，另一方面也盡量恢復著體力。

雄一郎的病情在不斷惡化，終於在九月三日的早上，在岩波的雙親和我，以及醫生、護士另有一位朋友和我的甥子小林武夫的守護下，死去了。

岩波雄一郎自東大物理系畢業後進入東芝研究所，負責電視機方面的研究。在病倒之前，他對所研究的電視機能映出圖像而感到十分喜悅，是位優秀的研究者、直爽的男子漢。

雄一郎的死，對岩波是很大的打擊。九月八日，在鎌倉的圓覺寺舉行了葬禮。在疲勞中岩波又乘第二天的夜車趕到長野，出席藤森省吾的葬禮。岩波把戰敗說成是天佑，可見他心裏應該是痛快的。但是雄一郎去世的沉重打擊，加上徹夜為藤森寫悼詞，再帶著它乘坐那擁擠不堪的夜車，十日當天，在葬禮上讀悼詞時，岩波感到不適，原來是輕度腦出血。他就此留在長野，到位於長野市裾花的寺島寺治的家中靜養，武見太郎從東京趕來診治。

我一個人在鎌倉專注於恢復體力，想之後去赤穗的姐姐家與妻子和孩子們見面。

有一天我去銀座的武見診療所，想讓他診斷一下我的健康狀況，在那裏偶然遇到了羽仁說子。她說羽仁五郎雖然仍被關在警局，但健康狀況良好。另外說是三木還在中野的拘留所裏。當時羽仁說子講了句「柳瀨可真是不幸！」我當時不明白她說的意思。

原來，柳瀨正夢於五月二十五日，也就是發生東京山手大空襲的晚上，出發前往信州諏訪，去見他在中央氣象局工作的女兒利子。據說他在新宿車站遇到空襲逃了，經過了三、四天仍然不知柳瀨的去向，正在尋找時，聽說是他妻子在淀橋區役所的門前，偶爾在正要開走的卡車上看到了柳瀨的屍體。

柳瀨的側腹上，清楚地留著被直擊的傷口。聽說他的妻兒在大火過後的荒野裏為其辦了火葬。

雄一郎的死，岩波的發病，接著又得到柳瀨的死訊。戰爭雖然已經結束，接下來還會發生什麼卻不得而知。但我總感到曙光在前，堅持著恢復體力。

九月二十日，我去了在赤穗的家人那裏。看到來車站接我的孩子們已經長大，我沒有感傷。姐姐的五個男孩子均被應徵，她卻十分堅強地守護著全家。我的妻子也適應了農村的生活。

我吃得好，睡得好，還常常散步，體力恢復得很快。

九月二十六日，三木清死去。接到電報的那一刻我就感到，他不是被釋放後才死的。我站在黑夜中望著漆黑的南阿爾卑斯山脈，山的中央部位有盞燈在閃著亮光。三木究竟是怎麼死的呢？他與我分手時說過「孩子就拜託了！」以前他一直主張戰爭定會失敗，反覆說：「等戰爭結束，如果我們還活著，真想那時再見面啊！」現在，三木卻離去了。

三木的葬禮我沒去參加。三木在東京拘留所染上疥癬，十分痛苦，再加上營養不良而死去。據說是因為痛苦難耐，從床上跌落後當場死亡。這種死，說是病死，準確說是虐殺。

南信濃的秋天非常美麗。我住在姐姐家的旁邊，和家人一起生活，關注著有些混亂但充滿活力的社會動向。

在長野的裾花療養的岩波，身體也朝著好的方向恢復，走路和書寫已不成問題，只是說話還多少有些吐字不清。十月十五日，東京的武見太郎前來迎接，說是要帶他回東京。

我帶兒子堯彥到長野去看岩波，正巧在松本和麻績之間有山洪暴發，火車不通，我們就由小海線去了長野。火車上擠滿了復員的士兵。

岩波比想像的還要健康，拿給我看他病中所作的和歌。

「病臥裾花川畔，耳聽淙淙流水聲」

「如吾疾病不治，願長眠與此」

「村裏的校長誇讚吾女小百合勤奮好作」

「疏散聚此的都人，驚喜連連」

「吾妻故鄉信濃傳來佳訊」

「故鄉令我懷念」

多是此類句子。

第二天早上，我與回去東京的岩波、武見及秘書木俁告別，和堯彥去了野尻。在前一天晚上岩波對我説，自己在高中階段，因為受藤村操自殺[1]的影響而放棄了學業，並且在野尻湖的弁天島上，一個人窩了一個夏天。他想讓我帶外孫堯彥去看看自己曾待過的小島。

從野尻回到赤穗，我每天用繪畫和散步來打發時光。在散步途中，我經常會去路過的家裏，與他們喝茶聊天，想瞭解一下農村的人們是怎樣度過戰爭年代的。這裏的人們生活力甚強，全然不同於柔弱的城裏人。我想這些被戰爭所困的人們，等他們覺醒之時，日本是一定會變化的。

進入十二月，收割已經完畢，天氣冷起來。岩波不斷來信促我回東京，我沒有作回覆，因為我覺得在尚未完全恢復的情況下，返回後被繁多的工作所纏身，又倒下可怎麼辦？妻子已經厭倦了農村的生活，可能也是因為思念父母和姐妹們。但孩子們卻很適應農村生活，活潑可愛。

伊那谷終於迎來了大雪，我決定年內啟程回去。

返回鎌倉，總覺得岩波看上去很虛弱，書店的恢復也不理想。到了戰爭的末期，書店僅剩下十三個人，這些人大多都聚在滿是灰塵的辦公室裏，圍著一個小爐子。其他的出版社已經開始活躍起來了。

---

1 藤村操（一八八六—一九〇三），就讀於舊制第一高中的學生，岩波的同窗。一九〇三年投華嚴瀑布自殺，留下遺書《巖頭之感》一篇，裏頭抒發的煩悶和感傷，對當時在藤村班上教英文的夏目漱石、一眾學生例如岩波，乃至大眾傳媒和知識分子，都帶來了很大的衝擊。

39

戰爭的結束的確令人喜悅，一切都自由了。從道理上講的確如此，但實際狀況卻不會發生急變。雖然是從長期的壓力下解放出來了，但卻不能突然就改變了什麼。我在戰爭時也一直守護著自己心靈的自由、思考的自由。在整個社會都陷入戰爭的狂熱之時，我堅守著自己的想法。周圍的人都知我是反戰的，但我自己卻不會公開露骨的表現出來。

比如說，我從來沒有提供過金屬製品，也沒有捐出過金錢，不參加防空演習，被迫參加全民皆兵的竹槍訓練時也總是躲在後邊，盡量不被人看到。

我想有始必有終，任何事物都會有終結，都不可能永久不變。

我在遭警察拷打時，想著痛苦不會持久下去的，這樣就忍過去了。

戰爭結束當然是令人高興的，但我沒想過從此一切都會好起來。我也不會把現在的一切都說成是事先預見到的，說些漂亮話。現在能說得出口的，就是一切處於混沌之中。看到那些過去曾耀武揚威的人現在低三下四，過去低三下四的現在卻耀武揚威起來，我對他們深感不齒。

三木清死去的時候，聽說進駐軍的將官鮑爾．列休曾到岩波書店問過事情，成為廢除治安維持法的直接原因。如果進駐軍提早一周撤消治安維持法，那麼三木也就不會死掉了。

有許多人為三木守夜。聽説來的都是「親友們」，都對三木的死感到憤恨。但我卻不認為這些人是什麼親友，如果是真正的親友，三木説不定就得救了。説「為了生存」而不得已陷害他人，在人家不在的時候又自稱朋友，這種人我真恨不得要揍他一拳。

我覺得岩波書店在戰後的出手晚了一步。岩波生病，經理夫婦又沒能很好地工作。但病中的岩波仍然決定要創辦《世界》雜誌，由店裏的吉野源三郎來具體負責。昭和二十一（一九四六）年發行了第一期，是一本僅有六十四頁的小型雜誌。《世界》最初的總編輯由安倍能成擔任，他後來當上文部大臣而辭去職務，改由吉野當了總編。

我開始回到岩波書店上班是在昭和十一（一九四六）年一月。一投入工作就發現，要做的事情簡直是堆積如山。但岩波身體有病，而且從我還在信州的時候，他與經理之間就關係不睦。

岩波對時局的看法很樂觀。他嘴裏不停地念著，説戰敗是天佑神助，但在處理具體事務時又顯得力不從心。我很擔心他的身體，當時的醫療條件又十分不濟，連藥品都十分匱乏。

我去東京之前，每天早上都要去同樣住在鎌倉的岩波家中，向其報告並商量店裏的事情。當時我被任命為代理經理一職。

每天都有事件發生，而我處理起來卻是樂此不疲。店員們在陸續返回店裏，但其中有幾個人，自戰爭的末期就已經自動請辭，領了退休金後返回故鄉，卻又不算正式退休，如何處理是一個問題。

出版材料的取得也絕非易事。失去了樺太的製紙能力，也無疑是重創[2]。紙張分配在戰爭時期是採用配給制的，有不少出版社為了多拿到配額，而鑽時局的空子。戰爭結束後，配給制仍然保留，並且更加混亂不堪，這是因為又多了盟軍司令部這一「領導」層次。

黑市物品中也包括了紙張。具體的事情已經記不起來了，但出版的自由，決不是隨著廢除「出版法」、「治安維持法」就能自然而然地達到的。只要想起當時一些造紙公司的傲氣，我就會感到不快。

在戰爭的末期，有些人利用非正當手段，將軍部握有的紙張拿到手，用來創辦出版社。戰爭中，曾統一對出版社進行整合，數量減到二百家。但戰爭結束的同時，出版社名副其實的像雨後春筍般又長了出來。書只要出版，馬上就能售出，這是因為出版數量少，戰時受壓制的人們的閱讀熱情釋放出來的緣故。記得當時報紙經常報道說，在發行的頭一天晚上，在岩波書店的門前即已排起了長隊。

岩波書店在昭和二十（一九四五）年只出版了十四冊新書，翌年變得活躍起來，有六十九冊，當中包括了《三木清著作集》。

新的民主團體不斷產生。糧食少、物資匱乏，物價日趨上漲。通脹爆發了，果然是與戰爭如影相隨的。我於昭和十九（一九四四）年的秋天，曾目睹過上海的通脹。該來的還是來了。日本人幾乎沒有經歷過通脹，商店的小業主們只知道自己的日子不好過，卻從來不去與通脹做聯想。

新的政黨誕生，工會也組織起來了。我認為店員們應該對自己的生活，作自由思考和討論，成為新型的人才，為此成立工會是必要的。雖然我當時對工會知之甚少，但總覺得應該為他們做些什麼。

我想首先應該成立類似消費團體般的組織，至於之後成不成立工會，應該由店員們自行考慮。

我將這個想法告訴了岩波，他說：「就照你說的去做吧！」我接著又與店員同事相商，

---

2 樺太即庫頁島，曾經由日本統治過，島上的製紙業一度發達。日本戰敗後，該島改處於蘇聯的控制下。

成立了消費團體。是在一月成立的，會員共四十六名。選舉結果，我當選首任委員長。這一團體開始只負責物資的調配，後來發展為工會組織。

現在要回憶當時的詳細情況，已經很困難了。並且奇怪的是，我原有的昭和二十一（一九四六）年和二十二（一九四七）年的筆記怎麼也找不見。沒有記錄，僅憑記憶，就只能寫一些留在腦海裏有印象的事了，這樣也好。

我從鎌倉每天都要乘坐擁擠且破舊的電車上下班。二等車也取消了，沒有座位，總之只要能乘上就是萬幸了。每晚都是很晚才到家，當然不是每天都工作到十二點，而是喝點酒時間就晚了。當時的生活狀態是工作幹得不錯，酒也沒少喝。

40

昭和二十一（一九四六）年一月，岩波對我說雄二郎想來店裏工作。當時關於雄二郎的事情，他講了自己的想法。他說自己的工作，有一半是公家的，希望能物色一個自己百年歸老之後，無論誰都信服的接班人。他並沒有想過，因為是自己的孩子就應該接班。

岩波對於讓雄二郎到店裏工作，有些拿不定主意，但內心深處是樂觀其成的。我說不必馬上就做決定，可以再考慮看看。之後再提到這件事時，我説就照本人的意見好了。

岩波有些猶豫，是不是應該先讓雄二郎在別的地方累積一些經驗，但我認為在岩波書店工作就好了。

最終雄二郎進了岩波書店，在零售部和店員一樣的幹活，並從鎌倉上下班。

二月十一日是「紀元節」。這一天，岩波獲頒授文化勳章，表彰他長期以來對出版事業所作的貢獻。

岩波十分高興，另一方面又覺得受之有愧，想派人去文部省請辭。

岩波書店仍然是個體經營的。岩波的朋友，戰前曾任第一銀行行長的明石照男，掂記著此事，不斷勸説應改為法人組織。岩波雖然也知道最終的結局會是這樣，但就是沒去落實。岩波這個人，對有些事很是乾脆利落，但對有些事卻總是拖拖拉拉。

戰爭結束後，岩波生病了，誰都知道當時是組織變更的好時機，明石照男又對其勸説，但岩波已經沒有決斷力了。

到了四月，岩波成為 NHK 放送委員會的委員。當時的 NHK 叫做日本放送協會，通稱為「放送局」。放送局來到新的出發點，但當然是被盟軍司令部完全控制著。放送委員會由各方面的代表組成，經司令部任命後就職。當時的司令部內有不少是「進步」人士，所以委員的面孔也有些特點。比如其中被選出的有宮本百合子、瓜生忠夫、加藤靜枝等。委員會的第一個任務是選舉 NHK 的新會長。

岩波很起勁地投入了這項工作。到了推選候選人的時候，岩波因為識人頗廣，所以他的發言很有分量。經過各種程序，最後選出的是高野岩三郎，報到司令部的時候好像是四月中旬了。

我因為擔心岩波的健康狀況，四月十九日勸他到熱海去靜養一段時間。岩波說他與明石照男約好了要談書店的事，但那是三十號。在這之前沒有任何約定，可以休息一下。熱海的岩波別墅，也就是惜櫟莊，大約有近半年的時間尾崎咢堂住在那裏。岩波很尊敬尾崎，把別墅讓給他住，自己倒像是借住似的。他去那裏能不能達到靜養的目的，我有些放心不下，但岩波很喜歡惜櫟莊。

到了第二天，也就是四月二十日的傍晚，我正要外出時，傳來岩波暈過去了的消息。馬上拜託武見太郎前去看診，我也趕往熱海。岩波的情況很不好，看起來像有點意識，但說不出話。這是第二次腦出血，說是如果能挺過兩、三天，命能保得住，但要再恢復到以前那樣是不可能了。

我已經把岩波第二次發病到死去所發生的事情，都寫進我的著書《惜櫟莊的主人——

岩波茂雄傳》裏，在此只簡單地記述一下。

岩波在病危狀態中度過了五天，最終沒能再說一句話，於四月二十五日下午十時四十分去世，享年六十四歲零八個月。

岩波去世後不久，伊澤多喜男給我打來電話，說是要向岩波授予勳章，想聽聽我的意見。我說最好是不再授，因為之前已接受過文化勳章，沒有必要再重複了。但伊澤堅持要授，我問是勳一等嗎？伊澤說怎麼會呢！我說那為什麼要硬加一些中尉或大尉領的獎項呢？伊澤似在堅持著自己的意見，我生氣了說，來就來吧！可別怪我向使者頭上潑水。伊澤生氣地扣了電話。

岩波的遺骸被運到鐮倉守靈，二十八日火化，三十日在東京築地西本願寺舉行了葬禮，法名為文猷院剛堂宗茂居士，安葬在北鐮倉東慶寺，為長子雄一郎建造的家族墓地裏。

我在岩波身邊有二十六年時間。可以說我的人生是從跟了這個人之後才開始的，當然，我的父親雖然是農民，但也是個很有個性的人，我的家人也都給了我各種影響，但這些都不是決定性的力量。

我尊敬岩波，有時也會反抗他。但他以寬厚的人品包容了我，使得我再也沒能逃脫過。不管是否意識到，岩波茂雄已深深紮根在我的心裏。

岩波暈倒的當天晚上，在熱海的家裏，我哭著對武見太郎說，即使恢復不到從前，只要能活著就好，拜託無論如何要救他。

現在岩波死去了，而且是在經過長期戰爭，國家尚處於荒蕪、混沌、急劇動盪之中死去的。

昭和二十（一九四五）年我被拘留的事件，是人稱「橫濱事件」的其中一環。也就是在繼摧毀了改造社、中央公論社之後，企圖再毀掉岩波書店的一件陰謀。「橫濱事件」中有兩個人被拷問致死了。直到戰爭結束仍然被拘留著的二十幾名「嫌疑犯」，對在警局拷打他們的特高提出起訴。他們也勸我一起加入起訴，被我拒絕了。拷打的確是殘酷的，但這些特高也不過是當槍使的。指使他們的是誰呢？設立治安維持法的又是誰呢？找不出元凶，只懲罰這些當槍使的，我認為沒什麼意義。而且，向加害於自己的司法，去起訴他們的同黨，這豈不是自相矛盾嗎？現在對於我來說，重要的是分秒必爭的去工作。

第十章　戰後

41

岩波茂雄在日本戰敗後很快就得了病，半年後就去世了。他所盼望的新日本，終於是沒能看到就離去了。如果在此一一記述戰敗的混亂景象，那的確是漫無邊際的。所以我只能將在我周圍發生的、我所親身經歷以及我所思考的，作簡單的描述，因為留下的紙面已為數不多了。

事件每天都在上演。不，不能說是「事件」，而是每天的生活中，所經歷的都是新事。比如說在漫長的陰天之後，又下起大雨，山崩、地陷、洪水暴發。大洪水沖走所有東西，連人也被洪水沖走。還不光是被水沖，如果撞上舊房屋或木頭等更會受傷，加上疲倦，使人暈頭轉向。所以在水中游的過程中，必須要設法避開危險物，看準目標向前游。這也正是在亂世之中的樂趣，所以「事件」對於我來說並不全是負面的。

紙張對出版業來說，好比是子彈。如果缺乏紙張，再好的發行計劃也是白費。戰後出版業遇到的最大難題，正是這個問題。戰時所實行的用紙配給制仍然持續了下來，但在出版業界的「民主主義傾向」和「追究戰爭責任」的潮流中，這一方法和結果均與當初背道而馳。迄今為止處於有利位置、工作面寬的業者，和處於不利位置、工作面狹的業者，現在的位置完全是顛倒過來了。

出版業界在追究戰爭責任時，呈現出「人民裁判」的景象。

岩波書店當然也在為紙張不足而傷腦筋。但因為生命周期長的學術類書籍，以及像《岩波文庫》那樣的古典書籍眾多，所以比較有利。與其他出版社比起來，不論時局如何變化，總有許多書籍可以再版，所以比較從容，也比其他出版社得到的配額要多。

戰後，盟軍司令部對日本的各家出版社到底在幹些什麼，進行了調查，也就是在出版物中追查戰犯。戰時出版物全部是「戰犯」內容的出版社自然不值一提，在一萬種出版書籍中只有三本涉戰內容的只有岩波書店。這種徹底不配合戰爭的態度被得到承認。

戰爭時期，有從事伊勢神宮方面事務的人，手中握有大量質量上乘的紙張。時局變後他們又想轉行幹出版業，而且一插手就要出版《漱石全集》。夏目家族也同意了，久米正雄等部分「瀨石門下」也表示了贊成。

岩波書店在小宮豐隆等人的努力下，過去曾分幾次出版了這套全集，幾乎出齊了。《漱石全集》是岩波書店的重要事業，如果因為紙張不足，而輕易地由其他出版社出版，實在是十分可惜。

夏目家族也需要錢。經過了很多周折，這家書店最終還是要出《夏目瀨石全集》，並已經開始打廣告。我們覺得有必要從法律的角度查明此事，律師海野晉吉經多方研究，認為如果起訴的話很有勝算。

小宮豐隆、安倍能成也認為起訴是迫不得已的。但我不贊成起訴，麻煩，費神，費力，很不容易。這從津田左右吉的事件中就能看得很清楚。加上我不信任法院，討厭那些檢察官和法官。而且直接起訴的對象是夏目家族，對岩波書店來說，漱石是恩人，與其遺屬去打官司怎麼說得過去呢！

我在想，如果岩波還在，他會如何處理這件事呢？相信他是不會將夏目家族作為被告去打什麼官司的。

我們最後商定，我方也出版《漱石全集》。所幸的是横濱的印刷公司給我們提供了紙張，決定用四六判的格式，採用預約出版的方法。

除了華麗包裝的《漱石全集》外，又並行在《岩波文庫》裏加進了有特製封面的版本。兩套全集出版的消息發佈後，很多原本已經訂購新版《夏日漱石全集》的顧客，又解約換成了岩波版。

岩波茂雄熱愛故鄉，為家鄉做了許多事情。

昭和二十（一九四五）年的春天，戰爭已接近尾聲。有個將女兒託給岩波書店的叫土居的海軍文官，不斷來勸說將紙型盡快疏散。紙型名副其實是用紙做的，在書再版之時，將鉛水注入紙型，即可製成鉛版印刷。初版之時，根據原稿將活字一個個撿出，組合成樣，再校正錯字，然後印到紙上[1]。紙型一旦作成，再版時就不用重新再排活字、再校正了。

紙型對出版社來說是很重要的財產。只是有些應景出版物的紙型就沒什麼用處，因為其銷售期短，也不需要再版。

岩波書店聽從了土居的建議。當時選定的疏散地，是岩波的家鄉，諏訪的中洲村。但運輸貨車很難找到，一直到七月十六日，好不容易才得到九節貨車車廂。幾位留守的店員馬上奮力把紙型裝上車，到了上諏訪車站，中學生都出來幫忙，中洲的村民紛紛相助，紙型被存放到禮堂和農戶的倉庫裏。

發生這些事情時我正在東神奈川警局，所以完全不知情。

不論怎麼說，紙型保存完好，這對戰後的岩波書店而言，可以說是難以估量的優勢。直到今天，我寫到這些內容時，仍然會熱淚盈眶。岩波茂雄熱愛故鄉的感情很真摯，故鄉的人們對岩波的愛戴之情又是何等的熾烈。

從事文化工作是不應該追求利益的。因為文化不是哪一個人可以守護的，出版業者必須懂得這一道理。每逢想到岩波與諏訪的人們，我就會深深地反思。

荒蕪不堪的岩波書店又逐漸恢復了活力。但大家都穿著髒舊的衣服，穿著軍鞋在工作。我原本是一個不善深思的人，習慣於直觀地看事物、作判斷，並馬上去幹。我對此沒有任何自滿，只是雖然意識到了，但就是遲遲沒有改正。儘管現在已經記不起來了，但我肯定為此吃過苦頭。但我想在亂世之中，這種性格也可能多少會有它好的一面。

對自己要求鬆懈，對他人的態度也肯定硬不起來。

42

翻看第一次世界大戰後德國的出版物，所使用的紙張幾乎都是粗質的草紙。後來，前

---

1 紙型所用的紙是耐高温的特殊用紙，所以能夠注鉛製版。使用紙型的好處，除了正文中提到的再版時不用重新排字外，還有輕便、易於收納等優點；此外，用紙型複製鉛版，能減輕直接使用活版印刷對活字的磨損；有了紙型，每粒活字就不需要為了印一本書而被長期霸佔，流動性比較高。

去德國學習的三木清，買了不少這類劣質紙張印的書，經常拿給我看。三木曾送我一個皮革做的包，說是德國人在通脹時將它作為錢包使用，拿出很少的日元也能換回普通錢包裹裝不下的數量。

戰爭期間，我們在想，說不定日本也會變成這樣的。

等戰爭結束再回頭看，比我們預想的還要糟。紙張的質量不僅低劣，數量還很少，出版社為了多拿到點配額而暗中活動，全然沒有道德觀念。用煤炭、紙漿、原木與紙張進行物物交換的事情也時有發生。

在這樣的情況下，原先設在商工省的用紙分配委員會被移到內閣。因為當時重要的行政都要聽司令部的指令，這個委員會也一定是根據指令設立的。只是這個組織內由哪些日本人參加，卻不得而知。

用紙分配委員會，分為新聞部會和出版部會，委員分別各有十一名。現在把出版部會委員的組成情況列舉如下：業者五名、兒童教育界一名、科技界一名、宗教界一名、工業或農業界一名、與出版業沒有關聯的商工業界一名、商工省的代表一名。

出版界的代表，是按書籍、雜誌發行量的大小各出一名，地方的出版界也有一名代表參加。

與以往的委員會的不同之處在於，負責的國務大臣、事務局等被規定：為避免政府以紙張分配為手段，直接或間接干預新聞及出版自由的嫌疑，委員會的指導應該嚴格限定在行政事項的範圍內。

當時在各個方面都設置了「委員會」，但是都形同虛設，只有新聞及出版的用紙分配委員會有決定權。制定這些硬性規定的當然是司令部，從條文的結構到內容都與日本人的思考不同。

如果沒有被分配到紙張，那就只能通過黑市張羅，但黑市是被禁止的，即使拿得到，價格也很高。

因為紙張的供不應求，才產生出這種制度，結果卻成了一種與「審查」相同的東西。理由不是說因為內容不好而拿不到紙張，而是推說紙張數量太少。

所以必須要有選擇，問題是由誰來負責選擇呢？

當時的出版界，大致分為兩部分。一部分是以大出版社為主，是發行量大的出版社的集合體，它們在戰後被稱為「戰犯」出版社。這一方的加入者數量雖然不多，但紙張的使用量很大。另一部分，是戰爭時期的小型出版社及戰後創業的出版社的集合體，這一部分的會員數佔壓倒性的多數，是為「日本出版協會」。

「出版用紙分配委員會」與「日本出版協會」的關係，是由日本出版協會對分配用紙的申請加以審理，提出給與不給的初定方案，再交由出版用紙分配委員會來裁決。

初步方案的制定是一件很重要的工作，由日本出版協會再委託通稱為「文化委員」的人們負責。委員由各部門的專家數人組成，負責對申請文函進行討論，提出預案。這是一件工作量很大，很煩雜的事情。委員的人選，大多是各專業領域的優秀人才，他們沒有戰爭污點，並對日本的未來抱有積極理念。

出版用紙分配委員會的委員們，在初步方案的基礎上加以討論研究，作出決定。對這個決定，任何人不得抗拒。

用紙分配的審議，每三個月會討論一次。

日本出版協會的「文化部長」由哲學家篠田英雄擔任。篠田對文化方面有非常深的見解，學識淵博，處事能力和統率能力都很強，是這一職位的最佳人選。

而我被選為了出版用紙分配委員會的議長，是一項任務很重的工作。雖然説已依靠專家們提出預案，但最後做決定的卻是委員會。比如有早已準備出版的書籍，卻拿不到紙張，這對作者和讀者都説不過去。

戰前，紙張的分配是面向出版社進行的，現在這些框框都被打破，改為面對出版物本身進行分配。這樣一來，過去一些用紙量很多的大出版社，如果沒有被認定可以出版的書籍，那就連一本書也出版不了。與此相反，那些沒有什麼「業績」的出版社，只要企劃做得好，也可以得到用紙配額。

這對出版界來說，的確可以說是革命性的。正因如此，問題也很多，也有批評和抵觸。再加上日本的內閣雖然不可怕，但司令部的眼睛卻總是瞪著的。

司令部內負責出版部會的是一位叫登布朗的文官，他對日本文學的造詣很深，對日本有深厚的瞭解和感情，是一位民主主義意識很強的人。

日本出版協會的會長是石井滿，這個人與登布朗的意見很合拍。

我因為是議長，不必對每項分配都談意見，只要留意總結就可以了。

對這個委員會的記憶還有很多，但在此不能一一記述了。

我一方面做著岩波書店的工作，同時做了兩年委員會的議長，對於出版自由的真意，思考良多。

我在擔任出版用紙分配委員會的議長期間，受到過個人或團體半暴力的施壓；也受到過書店同夥的圍攻。

有一次，我看到秘書桌子的腿上繫了個按鈴，問其原因，說是擔心來人在我身邊大聲吵鬧，秘書一按鈴，大家就會來驅趕。我讓他們馬上拿掉了。

當時與岩波書店工會的交涉也頻繁起來。因為彼此對工會事務都有些陌生，不時會發生口角。但我已經在用紙分配委員會吃過很多苦，所以與店內的那些傢伙們交涉起來，倒覺得很是輕鬆。

自昭和十七（一九四二）年開始的學畫練習，之後也一直堅持了下來。周六周日會從早畫到晚。兩個孩子也長大了，他們好像更喜歡與朋友在一起玩，休息日不用我陪著。我對繪畫興趣漸濃，這成為我人生的指針。

43

昭和十二（一九三七）年，在日中戰爭爆發前的一個月，岩波茂雄決定要向中國的五所大學贈送岩波書店的全部出版物。這些我在前邊已有表述。當時我順口說了句「能來的及嗎？」像是潑冷水。每逢想到此事，我總覺得很對不起岩波。

戰爭結束，岩波去世之後，在中國尚未解放的昭和二十二（一九四七）年三月，我與當時中國大使館的謝南光等人講了此事，商定繼承岩波茂雄的遺志，向中國的五所大學贈送全部出版物。分別是北京、中山、暨南、武漢、中央五所大學。

這件事不知怎的，被報道了出來。不久，我被司令部的登布朗傳喚了過去，他默不作聲地把報紙放到了我的面前，過了一會才問道，這是怎麼回事。接著，他用平時少見的嚴肅表情説，日本現在處於被佔領的立場，與外國的交易、交流都被禁止，沒經批准就隨意行事是不行的。

我正沉浸在能實現岩波遺志的喜悦之中，聽他一講就楞住了。接著，我充滿激情地向登布朗講述了事情的經過，對沒能及時辦理手續而道歉，並請求許可。登布朗盯著我看了一會，然後默不作聲地撕掉報紙，將其扔進紙簍裏。

向中國送書，這在當時是很困難的。送了兩、三次後，中國發生了革命，不得不中斷。但自中國紅十字會的李德全來訪之後，以作為他們的行李託送為契機，此後事情的進展就順利了，每年分兩次運送。

岩波書店的全部出版物已經超過一萬種。這全部都要一式五份，數量很龐大。再加上還有十幾種發行的雜誌，已經送出的就有十萬冊以上。

解放後，根據中方的希望，又向北京、中山、武漢、東北師範大學和北京圖書館追加贈送書籍。

近年來從日本到中國訪問的人數正在增多，他們中的有些人，訪問過北京圖書館，回來說看到那裏有很多岩波書店的書。若不知因由，想必會感到奇怪吧！只要岩波書店還在，我想這件事情就會繼續下去。創業者是如何地關心著中國，現在瞭解的人已經很少。今後貫徹岩波茂雄的宏願，對兩國人民來說都是重要的。

長野縣諏訪郡中洲村是岩波茂雄的故鄉，岩波熱愛故鄉的事在前邊已寫到。村裏的人們也很尊敬岩波，這通過戰爭末期疏散紙型的故事就看得很清楚。紙型的安全，對戰後岩波書店的復興所發揮的作用，可以說是難以估量的。

我們為了表示感謝，同時也希望他們那裏能放一套岩波書店的出版物，就開始了向中洲村送書，一直繼續下來。這些書使用了岩波為紀念父母所起的「風樹會」這一名稱，命名為《風樹文庫》。

我們祈禱中洲村的人們，永遠熱愛這一文庫，能夠汲取岩波茂雄在出版業中所傾注的精神。

岩波書店是岩波茂雄個體經營的。所以在岩波死後，要由繼承了岩波書店全部財產的岩波雄二郎來承擔繼承稅。

出版業因為是特殊行業，其財產評估也相當複雜。比如說出版者沒有著作權，但出版時所使用的紙型是出版者所有的，所以紙型就被看作是財產。但如果不再版的話，紙型就無任何價值，也不會產生任何利益。如果著作權擁有者向出版社提出今後不再出版，出版者也必須服從。就版權、紙型價值的評估，與國稅廳發生了意見分歧。我對紙型也必須作為財產而課稅提出了反對意見，被採納了。

戰後的混亂、新錢幣的更換，再加上通貨膨脹，這些都在輪番上演著。如何對應是很重要的事，年輕的我卻不知畏懼，不加思考地蠻幹著。

有一次，稅務署長派了兩個人來找我。見面一談，才知是要我擔任神田一橋地區的官選稅務委員。稅務委員是個很不容易做的差事，沒有這個人的印章，就不能決定這個地區人們的稅額。委員除官選之外，另有半數要由選舉產生，從選舉的激烈程序，可以看出這一職位的性質。

聽了來者的話，我忍不住笑了起來。我說一個連自己錢包裏有多少錢都搞不清的人，怎麼能算得出他人的財產和稅金！

這次署長親自來了，並說：「不論什麼事，對你來說都是學習。」是要我接受，這下我沒話說了。

接下委員一職後，我發現並無多少實際事情可做。除監督一下官廳職員們的工作情況外，作為外行的稅務委員，工作就只有瞎蓋章了。但我在與這夥人打交道的過程中，也有很多有趣的經歷。

某一天，有幾人集中在經濟安定本部長官和田博雄的官邸裏，當時在場的除和田之外，還有石黑忠篤、東畑精一等。閒聊時我問了一句：「先生們知道稅金是如何定出來的嗎？」大家都說了一些常識性的答案。

我說，稅務委員中有人甚至說：「這人有小妾，可以再多收點！」另外還有一些其他很滑稽的、很嚴重的例子，大家聽了都很吃驚。

岩波雄二郎除了要交付繼承稅之外，還要交付財產稅。就因為這項財產稅，舊有的資本家可以說都沒落了。詳細情況雖然說不清楚，只知道財產的大部分都被拿出來交稅了。

岩波書店因為是個體經營，財產稅最終也全落在書店的頭上。

我覺得解決之道只有利用當前的通脹。稅收的期限還未到，而通脹仍然會加劇。在這個時代，書只要印出來就一定能賣掉，由此利潤就會增加。但不能馬上賣完的部分，隨著貨幣的貶值，就會出現虧損。但如果全部賣光，之後沒有用紙配額就不能再版，再生產就變得困難。所以必須將產品的一部分貯藏起來，幾個月後，就會增值幾倍。店裏有幾個人不同意我的做法，但我還是強行這樣做了。

這僅是部分操作，但算起金額來則相當可觀。

當時的人們，一方面對通脹很頭痛，但另一方面卻又找不到對應的辦法。我在昭和十九（一九四四）年秋天，從上海通脹中得到經驗，現在派上用場了。

44

岩波茂雄是在昭和二十一（一九四六）年四月二十五日去世的。當天，日本放送協會的會長由高野岩三郎就任了。岩波成為放送委員會的成員時，曾極力推薦高野任會長。岩波去世之後，有人出面交涉，要我來填補其空缺，我覺得像是在搞世襲就拒絕了。但聽說高野一直堅持要我做，就答應了。

這個委員會原本沒有多少事情可做。但是到了十月，新聞放送工會發動了罷工。罷工很是激烈，但最後除了《讀賣新聞》和 NHK 外都解決了。當時的 NHK 只有收音機廣播，廣播全面中斷了，是一個大事件。

因為罷工長期化，放送委員會有需要考慮採取措施。從罷工開始算起，已經持續近二十天了。

有一天，我也被叫到委員會去。到那一看，在放送委員的辦公室裏，工會幹部正在不斷訴說。當時在場的有濱田正德、宮本百合子、加藤靜枝、瓜生忠夫等。工會的幹部們因為一直死守，鬍子沒刮，身上滿是污垢。沒有座位，疲憊的他們就坐在地上。宮本百合子從紙包裏拿出三明治，狼吞虎嚥地吃起來。

過了一會兒，我說：「去與會長談談不是更好嗎？」工會的人回答說會長不肯見。放送委員中有人指責我說：「你就來了這麼一次，怎麼能不明事理就亂講呢？」

我問工會的人說，如果高野會長能見他們，他們會去見嗎？他們都說會去見。

罷工正陷入膠著狀態，而且有就要產生第二工會的氣氛。我默不作聲地走出房間，沒有通報就直接進了會長室。高野見我進來吃了一驚，周圍站著有人。還沒來得及深談，高野就站了起來，一問知要去小便。高野的腿腳不太靈便，我馬上過去攙著他走出房間。在去廁所的途中，我說不能讓他們成立第二工會，如果這次罷工不能得到很好的處理，先生長期以來在工人運動方面的功績就會受玷污。高野說他也很為難。

二人並站著上了小解。我勸他直接去見工會那些人，高野回答說：「就由你來安排吧！」

我說那就在今天見，高野同意了。

我把高野送回會長室，又閒談了一會兒後，返回放送委員室。出去了前後不到二十分鐘。

當我傳達了會長可以見工會的人們時，一時大家回不過神，靜靜地望著我，接著又是吃驚又是喜悅。

接下來要確定由誰來參加。除高野會長、古垣鐵郎專務以外，工會方面由幹部五、六人參加再加上放送委員。有人提出協會方面的理事也要參加，宮本百合子說人數少容易集中，放送委員方面就只由濱田和小林去好了。最後決定開始時全體人員都列席。

時間到了，走進會見廳一看，協會的理事有好幾個坐在裏邊。三方就座後，宮本建議人數應該再縮減一下，放送委員可參加兩人，協會方面由會長和專務參加是不是就可以了。宮本提出這個建議，是因為她知道理事們對罷工的態度很頑固。

理事們開始時堅持不退席，最後勉強同意退出，但堅持說工會方面也只能參加兩個人。我說那些年輕人參加多幾個又有什麼關係呢？如果協會方想人多勢眾的話，那就索性站到講台上交涉，讓協會的有關人員都參加好了。聽我這麼一說，理事們都生氣地退場了，放送委員也只剩我們兩個人，其他人都出去了。

在交涉開始之前，我坐在高野的右側，雙手抱在胸前。老人的情緒明顯有些高揚。我從自己的口袋裏掏出一個蘋果，放在高野面前說：「這個給你。先生晚上有小酌的習慣嗎？」他回答說，最近這段時間不喝了。我說，那可不行，趕快將罷工處理完再去喝一杯吧！我們就這樣閒聊著。

交涉開始後，工會的委員長站起來，用一種演說的口吻開始講話。我說：「別用這種調門，坐下來說，你這種腔調不就像是老闆嗎！」讓他坐下來。接著我又對高野說，就當這些傢伙是不良少年，天真頑皮吧！

交涉的主要內容，是締結勞動合同。如果基本內容能談得妥，就會中止罷工。工作人員馬上著手製作關於締結合同的承諾書。這是在進入交涉的兩小時後完成的。

會議室的門一開，門外有很多記者，向他們說明了有關情況後，我和濱田又回到放送委員室，向等在那裏的人們報告了情況。工會正在召開大會作出討論。這時已是夜晚，大家連晚飯也都沒吃。

工會大會結束了。有兩、三個年輕的女孩子過來說，要向我和濱田獻花表示感謝，請我們去禮堂。我拒絕了。這樣又過了一會兒，門被打開，幾個女性拿來了花束。

回到家已經過了十點，我對還沒睡的孩子們說，從明天起廣播就會重開了，他們聽了高興地叫起來。此情此景，我不禁流下了眼淚。

我從放送協會的罷工中學到了很多東西。解除罷工後的第二天，廣播出聲了。但是聽說協會的理事以及毫不知情的部長、課長都很生氣。我覺得在發生了如此大的震動後，再有點餘震是很自然的吧。

經濟學家宇野弘藏是高野岩三郎的女婿，曾記得他對我說：「外行有時是更可怕的！」意思是說正因為我是外行，敢橫沖直撞，反而取得了成功。

我在處理事情時，總會思考其中什麼是最重要的。只要把重要的抓住了，其他就會迎刃而解。

觀察周圍有些人在説話、辦事時，往往太拘泥於細節，總認為自己這樣做別人是會理解的。

經營者與工會之間只要對工作的意見和認識一致，接下來就是要為員工們創造好的工作條件，為他們的幸福著想，這樣一來問題就會自然而然地得到解決。通過這次經歷，我掌握了一些處理岩波書店工會組織的基本方法。

45

在日本戰敗後，安倍能成想與同志們一起，創辦一本綜合性雜誌，在徵得了於長野靜養的岩波茂雄的同意後，《世界》的創刊號在昭和二十一（一九四六）年一月發行了。之後，因為安倍當上了弊原內閣的文部大臣，故辭去了《世界》總編的職務。弊原內閣倒台後，吉田茂內閣誕生，吉田仍然希望安倍能出任文部大臣，但安倍沒有同意。

安倍在昭和三十三（一九五八）年，寫過一本題為《戰後的自敘傳》的書，其中有一處寫到「關於吉田先生的事」。書中是這樣寫的：

「——有一天晚上，武見請吉田先生、我以及岩波書店的小林勇，一起在築地的『錦水』用晚餐。當時報紙報道說，有個叫尾津的黑社會頭目，在新宿一帶很是飛揚跋扈，自由黨卻給予承認。我說這簡直是豈有此理，吉田先生氣鼓鼓地說：『不就是有幾個臭錢嗎！』大家都楞住了。小林是個會調劑氣氛的人，他站起身模仿著尾津每天早上，到自己霸佔的地盤的店舖內，把手縮在袖子裏，兩臂左右一張，嘴裏說著「哈，早上好」的模樣。他惟妙惟肖的樣子，把吉田先生也逗樂了。」

大致上沒錯，當時看到安倍和吉田兩個人都有些氣惱，我馬上借了旁邊藝人穿的衣服套在身上，學著尾津的樣子。

當時是第一次與吉田見面。岩波茂雄生前多次見過吉田，想必他對岩波書店有些不錯的印象。另外，武見又是介紹人，他與吉田是叔甥關係。

後來，我從武見那裏得知，吉田對我很感興趣，說是很希望與那個人再喝一杯。

不久，吉田招待了我。記得是在目黑的首相官邸，一同參加的有中谷宇吉郎、武見太郎和另外兩、三個人。

那段時間，正值我酒量大，也常常喝醉的階段，吉田的酒風也很豪爽。我和許多人共飲過，但像吉田那樣詼諧的人，還從未遇見過。

我在吉田面前也毫不拘束，當然也從未想到過要拘束。此後我經常被招待，總是會有幾人陪同。但吉田每次都會讓我坐在他的身邊，與我交談過很多。

他有時會在麻生府上辦酒宴，麻生太賀吉的夫人和子，是吉田的女兒。當時被招待的有長谷川如是閑、東畑精一、中谷宇吉郎、小汀利得、小倉正直和我。吉田把這一聚會叫作「瘋子會」。

這些人聚到一起，一點兒也不講什麼禮節，可以很輕鬆地與吉田開玩笑，或諷刺他。當時對身為最高權力者的吉田敢如此放肆的，恐怕絕無僅有，想必吉田也喜歡這種氛圍。

吉田與我通電話時，在對方接電話前，自己總是會先拿起話筒，如果對方已經接了電話而自己還沒接起，他認為是不禮貌的。

有一次他打電話來說：「早陣子的瘋子會要聚會，你什麼時候方便？」我說：「我不是瘋子，所以沒有資格參加。」他說：「哈哈，你是頭號瘋子。」

小泉信三有次問我說：「你和吉田是什麼關係？」他說吉田常常以我為話題，並問：「岩波家的那個醉鬼在幹什麼呢？」

我遇到難辦的事情時，常常會去麻煩吉田。岩波書店在戰爭結束之前，通過正規分配得到的字典用紙稍多了一些。那是因為戰爭加劇，沒能用得著而放在倉庫裏的。後來這些紙被揭發說是隱匿物資。如果就這樣被白白沒收掉實在不甘心，同時書店裏也有新的出版計劃，要用到這些紙。

我去首相官邸拜訪吉田，向他講了事情的經過。吉田笑著說知道了，總會解決的吧！馬上研墨，取出紙後寫了起來。是寫給隱匿物資揭發委員會委員長的信件。

我拿著信件走出房門後，秘書跟過來把我帶到另外的房間裏，請我把那封信交給他。我問為什麼？他說如果就這樣把這封信交給對方，說不定他們會利用它中傷總理。總理因為喜歡我所以才會不計後果，但他身為秘書卻放心不下吧。我將信件遞給秘書，他表示感謝後說，我所希望的事，不用這封信也一定能辦到。

後來，這些字典紙被認可了不是隱匿物品，先按買進價格提供出來，又原封不動地按當時的價格，拍賣給了岩波書店。

吉田還接受過我其他很多次拜託，我每次拿著「把小林勇介紹給你　吉田茂」的那張大名片，對方都會乖乖投降。

現在回想起來，當時的過分事還有很多，實在羞愧，就不再多提了。只是我從未拜託過不合情理的事，也從未謀過私利。直至現在我也認為在他身上有很優秀的人格魅力。吉田茂的政治主張不是我全面擁護的，但他的人品是我十分喜歡的。

我與第一代中村吉右衛門，是在戰時結識的。到了戰後，特別是在岩波過世之後，關係拉得更近了。與吉右衛門的結識，是由小宮豐隆介紹的。小宮與吉右衛門的親密關係非同一般，吉右衛門對岩波也情意深重。

吉右衛門是一個很有禮貌的人。一說到藝人，人們會覺得與普通人不一樣，但吉右衛門不是這樣。

他作俳句、會拉弓、詠短歌、彈義太夫[2]，也會畫畫。所謂一藝通則百藝會，這話用在吉右衛門身上是再合適不過了。

我從吉右衛門那裏學到了很多。從他的為人處事中我懂得了，對藝術家來說，誠實是

---

2 由竹本義太夫創始的「淨琉璃」音樂的一派。淨琉璃是一種以三味線為伴奏的說唱藝術。

何等的重要。

開始與吉右衛門接觸時，大多是與小宮豐隆一起的。我們經常一起喝酒，當時的吉右衛門已經很容易感到疲倦，演出結束後，再到茶室來已經很勉強，但總是經不住小宮的執著，帶著倦容又來參加。

即使這樣，吉右衛門的臉上從沒表現不快，陪著大家一直喝到爛醉。通過吉右衛門，我又結識了其他幾位歌舞伎演員，得以窺見這個圈子的情況。

46

露伴自昭和十八（一九四三）年左右起，臥病在床的時間多了起來。昭和二十（一九四五）年三月的大空襲之後，他緊急疏散到信州的坂城，這在前面已經寫過。在坂城的生活，對露伴一家來說，絕對不是愉快的。戰爭結束後，露伴馬上又搬到了伊東的松林館，這是他以前也住過的旅館。他在那兒度過了八十歲的新年，之後又在第二年的一月末，搬到位於市川市菅野的一所很小的租屋住下。

這個家的後面是開闊的田野，露伴躺在寒舍裏，對自己的境遇從無任何抱怨。

我自打露伴家搬到傳通院時，就去得少了。一來是因為岩波生病，二來是重振岩波書店有太多的事要做。雖然沒能像過去那樣頻繁造訪，但只要有點空我就會過去。露伴對我來說，是這個世界上最敬重最愛戴的人，我時刻將其記在心裏。

露伴在昭和二十二（一九四七）年七月三十日去世。他臨終的情景，我在《蝸牛庵訪問記——露伴先生的晚年》一書中已作描述，在此不再重複。只是還有一些事情，雖非我親身所見所聞，沒能寫進該書裏，但卻令人難忘。

露伴的女兒文，在父親的晚年可以說把他照顧得無微不至。當死亡逼近時，露伴與女兒有一段父女間的對話。父親對女兒說：「可以了吧，那我就離去了！」這是他的臨終遺言。

每逢想到生與死的問題時，我總會記起這句話。

另外，露伴也教給我沒有物欲的生活和心態。我雖然不能理解露伴的深邃，但也覺得汲取到一些東西。我結識過許多優秀的藝術家，但其中對我影響最大的是露伴。

露伴的葬禮在市川的租屋裏進行。我擔任治喪委員會的委員長，有一百五十六人參加了葬禮。

戰後，有許多料理店也先後重開了。有天晚上在「濱作」，與小宮豐隆、中谷宇吉郎一起吃了一餐寒酸的飯。正好在飯快要吃完時，突然停電了，等了一會還是沒來電，這時小宮說：「兒島喜久雄在田川，我們過去看看吧！」

三人到了位於木挽町的田川，看到那裏沒有停電，兒島正好在那。

「田川」是一家料理店。由「若素」的長尾在經營。「若素」是第一家銷售大眾藥品而成功的企業。田川是一家很有氣派的料理店，長尾夫婦為了迎客，在戰後買下了它。「若素」高舉「增進健康」的口號，其宣傳攻勢取得了成功，長尾夫婦也從小本生意成為了巨富。我在昭和十九（一九四四）年去中國時，在上海、南京等地，也看到過寫著「若素」的大型廣告牌。

長尾把賺到的錢建了長尾美術館。其收藏品的選定，就是由兒島喜久郎負責的。長尾的夫人叫米，她在女性中罕見地剛毅，對美術也很有欣賞眼光。人們都說「若素」之所以能壯大，米的作用功不可沒。

我雖然知道「若素」，但對長尾夫婦卻不瞭解。我們三人到了兒島那裏，米也出來了，端出了茶和點心。我在「濱作」的飯只吃到一半，所以就狼吞虎嚥地吃了起來。

我對著米說：「吃得很高興，不拿瓶啤酒出來嗎？」兒島急忙勸阻我說：「小林，你在說甚麼啊！」

米望著我說：「真是個豪爽人，但今天天色已晚，改日再過來好好喝吧！」

兩、三天之後，長尾米向我們發出邀請，兒島也一起去了。米看上去是一位不講客套的女人。田川是高級料理店，有藝伎表演，當晚新橋的藝伎[3]等也在座。

當時的「若素」正遇上勞資糾紛。某天晚上我們又被招待去了，兒島向長尾夫婦介紹說，小林在放送局處理過罷工，很有經驗。米拜託我務必給予幫助，我當場拒絕了。因為在我看來，自己如此的奢侈，卻把辛苦流汗的人們說成「傢伙」，我怎麼能為他們幫腔呢？我說，如果讓我參加意見的話，我會替僱員們說話，這樣也可以嗎？

米好像被我說動了。當晚，米給我打了電話。當時我們一般晚上也要加班，處理完工作後，我趕到田川，喝起酒來。不管我說了些如何不靠譜的醉話，米也從未厭煩，相反覺得很有趣。

米給過我不少東西。她欣賞學者和藝術家，戰時許多人都得到過她的資助。在長尾那裏我看過不少藝伎的表演，這用我自己的財力是不可能達到的。當時結識的新橋名妓們，現在都變為老妓了。

---

3 新橋約位於現時的銀座，當年是東京最著名的花街。

人們長期被戰爭所壓抑，戰敗後人性得到釋放，世道也逐漸富裕起來。在這樣的情況下，一方面有許多人受到通脹所困，而另一方面大公司的幹部們也沉浸在享樂之中。我被長尾招待也是吃喝玩樂，所以對這裏邊的事情，也越來越瞭解。但我不時告誡自己，不可墮落。

我與吉右衛門是玩得較多的朋友。他與女人們遊戲的花樣簡直是令人瞠目。吉右衛門教會了我短歌，他有段時間，幾乎每天都來岩波書店。

相撲手的若之花可以説是長尾夫婦培養出來的。丈夫的長尾欽也，是若之花後援會的會長，從若之花還是「十兩」[4]時，就對他加以呵護。

我在長尾處見到若之花時，他已經是「關脇」，很快又成為「大關」。

米對若之花不但進行了精神方面的教育，當然也給了物資上的支持。我認為正是因為有了米的教育，若之花才得以健康成長，成為優秀人才的。成就若之花的，主要是米的功勞。

米鼓勵若之花説，輸贏不是重要的，最為重要的是成就優質的相撲。我在米的店裏，幾次與若之花一起喝酒吃飯，被他的人品迷住了。

戰後，米與事業不順的丈夫欽也同甘共苦。不幸的是，她於昭和四十二（一九六七）年二月，在鎌倉山的家中逝去。火化的前一天下了大雪，靈柩車開不到她位於鎌倉山的家中。

當時，已經引退的前「橫綱」若之花，一個人扛著米的棺木下了山。

47

昭和二十二（一九四七）年的通脹來得格外猛烈，就工資問題與工會間的交涉日趨頻繁。為了對抗通脹，將過去攢下來的一些物品陸續拿出去賣掉，總算度過了難關，但真是令人頭痛。

另一方面我也在想，有沒有隨著物價上漲，工資也自動上漲的方法呢？我學會了一種按照物價指數變動的工資制度，但現在已記不清是從哪裏學來的了。

我馬上下定決心要採用這個制度，得到幹部們的贊成後，再去與工會協商。道理雖然是這樣，但能否運轉順利，卻是誰都心中無數，至少我是沒有信心的。

制定此計劃前，我曾去找大內兵衛商量。大內說採用這一制度好是好，但這裏面也有

---

4 相撲手的等級名稱，下同。

一些很難解決的問題。可以先把與工會方面的承諾定為暫時的，試驗性地實行。但光是擔心，終成不了大事。昭和二十二（一九四七）年七月，開始採用了該制度。因為通脹很是急劇，工資也自動上揚了。

岩波書店工會的第一任委員長是吉野源三郎，他後來也擔任過印刷出版工會的書記長。遇上有麻煩事，只要找吉野，總能找到解決的辦法。

我認為，使與自己一同工作的人們生活得更好、更幸福，是經營者的任務，思考和判斷問題的角度要循著這個原則進行。而有些細節部分，則應委託擅長這方面工作的適合人選去幹。

岩波書店實行的是男女同工同酬，無任何差別。另外即使無先例可循，只要是好的事就會去辦。

實行了按照物價指數變動的工資制度後，與工會之間就沒有再發生問題。但是到了昭和二十四（一九四九）年，日本推行了所謂「道斯路線」後，物價不斷下跌，與此相應的是工資也在減少。

儘管對實際生活不會有影響，但每個月拿到的數額在減少，總不是件令人愉快的事。工會提出中止隨物價指數變動的工資制度，我則主張要繼續執行。最後還是採取了物價指數下降時工資不下調，只在物價指數上升時變動工資的辦法，實則是一種單方向的、變形的制度。

在幾個月之後，物價逐漸穩定下來。但不久物價又開始上漲，工資也自動上調了。還有很多關於工會的回憶和感想，在此就不一一記述了。

只是，我始終認為日本要變得更好，就必須解決好工會問題。與戰前相較，日本進步了不少，其中工會的作用不容小視。但從我自身的經驗來講，也有很多不滿之處。同時，對社會上大多數經營者，對工會組織抱有的厭惡情緒，也覺得可以理解。

長期一起工作，一起揮灑汗水的人們，卻又分出經營方和工會方。這些人因為某種程度上有共同的經歷，所以比較好溝通。相反倒是那些沒吃過苦的人，更容易將自身的想法強加給對方。

在戰爭期間，因為沒有工會活動，所以經營方和工會都失去了磨合的機會。岩波書店的場合，在經營者中有像吉野源三郎那樣，關心和理解工會組織的人。並且我也自負地認為，我和公司幹部們的意識比較超前。

工作量增長得很快，隨之而來的是人員也在增加。因為新手多，所以出錯也多，幹部們在教育年輕人方面還不適應。

我對人員提出的要求，有時得不到理解。工作能力遠不能及。這就好比說嬰兒就算再來多少個，終也難以搬動一桶水。所以我會向他們苦口婆心地說明，認真學習、提高技能的重要性。

越是工作能力不強的，越容易出現其他問題。

幹部中，也有既無能力也無工作熱情的。工會的有些意見，也有正確合理的一面，這種時候重要的是認真傾聽。

有些人志願加入了特攻隊，很快就轉入左翼，說些似乎很英勇的話，實在既滑稽又令人不快。這些人不久又轉向了家庭本位主義。我討厭人沒有節操，喜歡那種只要認準了就會堅持不懈的人。

與工會打交道，開始時相互不適應，受挫也格外多。我是個特別容易生氣的人。對一些不值得的事，而花很長時間去開會交涉，這是我十分不情願的。

對工會的事情還有很多回憶和感想，就到此為止。我的基本立場如前所述，無任何改變。

昭和二十三（一九四八）年的年終，在原宿的中谷宇吉郎家中，我與電影攝影師吉野馨治和小口禎三聚到了一起。

當時談到創立「文化電影」公司之事，我很快就下決心要幹。戰後，在紙張最匱乏的昭和二十一（一九四六）年的年初，我與岩波曾商量過不固守出版業，也開辦廣播事業之事。岩波表示贊成，馬上進行了研究，但後來得知司令部不允許，就放棄了。電影公司的計劃也是建基於這種心態的。推動視覺教育，是戰後很多人的想法。

吉野、小口同在日本映畫公司，曾拍過號稱為「文化電影」的科普電影，是這方面的老手。中谷所進行的關於雪的結晶的研究，已經拍成電影，對他們倆的人品和工作熱情，中谷很是瞭解。

我們從昭和二十四（一九四九）年的年初就開始做準備。比起一上來就打出電影公司的招牌，我們決定先從學習開始，於是在成立公司之前，起了個讓人不得要領的名稱，叫「中谷研究室」，借用岩波書店另外一處房子的一室，開始了工作。

畢業於自由學園，進入共同通訊社的羽仁進也參加了進來。「研究室」沒有資金，就從個體經營的岩波書店借用。

「中谷研究室」成立後的第一項工作，就是後來由岩波書店出版的《岩波寫真文庫》的攝影編輯。一邊對走出校門的年輕人進行教育，一邊賺取資金，最後推出映畫公司，這是我們當時的想法。

48

岩波茂雄最終也沒有將岩波書店轉為法人組織。岩波識於微時的前輩兼朋友明石照男，不斷勸說他要把個體經營改組。直到岩波死之前，還與其約定了商談的時間，十分執著。明石在岩波去世後，仍擔心著岩波書店，每次只要見面，就會勸說要盡快改為股份制。但是，因為戰後的混亂狀態和岩波去世的善後等，我總想在處理完這些事再考慮。聽說明石在外邊說，小林勇不改組公司，無非是想隨意折騰罷了。

昭和二十二（一九四七）年十二月，接到信州的父親生病了的消息。急忙返鄉，才知道父親是在打掃自己隱居的阿彌陀堂時倒下的，幸好由哥哥進行了妥當的處置。我趕到時父親已經不省人事，狹窄的弄堂裏聚集了很多人，大家在嘰嘰喳喳，看來得救的希望已經很渺茫。

我留下母親，讓其他人都出去，並嚴肅地拒絕一切探視。在農村如果強行這麼做，是會遭人怨恨的，但我不去理會這些。父親在我和母親的照料下，到了第三天可以喝點粗茶，情況逐漸穩定。過了一周，我看父親已無大礙，就返回東京。父親不能說話，就這樣活到一月二十八日，結束了他虛歲九十的生涯。

父親是個固執但很正直的人。我在不知不覺中，一生都受到了父親的影響。

昭和二十三（一九四八）年秋天的某一天，我被明石叫到第一銀行。明石開始時腔調有些激動，不一會兒就變成斥責。我聽他好像有誤會，想予辯解，他卻情緒激動地說：「給我閉嘴聽完！」

明石的說教大約持續了一個小時。我省去細節，就主要的想法講給他聽，實際上從岩波去世之後，我就一直在思考這件事。但根據要為父守孝三年的《論語》古訓，就打算滿三年之前先做好準備，待明年四月二十五日滿三年之時，馬上行動。

明石也很崇拜孔子，他聽我講到這些，臉色和緩起來，眼裏泛起淚花，說真不知道原來我是如此想的。

此後，我們即著手進行改組股份公司的準備。說是準備，但我們毫無這方面的知識，只有全聽這方面專家曾志崎誠二的意見。

曾志崎在少年時期，曾給澀澤榮一寫信，被認可進入第一銀行，是一位雖無學歷，但能擔重任的實力派。在大正末年，他受明石之託，將岩波書店的賬簿改為近代格式，自那以後成為岩波書店的經濟顧問。他不但具有作為銀行家出眾的才幹，同時學養也十分淵博。

準備工作耗費了半年時間。按照預期，昭和二十四（一九四九）年四月二十五日，株式會社岩波書店成立了。資本金為五千萬日元，由岩波雄二郎用實物出資。

新公司由岩波雄二郎任社長，小林勇任專務，長田幹雄任常務，吉野源三郎任董事，安倍能成任監查官。

雖然說變成了股份公司，但公司的運營和氛圍並沒有發生什麼變化。

戰後，出版業馬上呈現出爆炸式的繁榮景象，並一直持續了下來。岩波書店也不斷推出新計劃，該年的新版圖書數量就有二百一十九種，由此可以想見當時的盛況。

戰後，出版自由只是一場門面話。表面上雖然廢除了審查，但實際上仍然由美軍控制的司令部巧妙地進行著。而且，這些審查更被巧妙掩飾，不為人知。

不允許有對美國不利之事，不允許有對佔領政策不利之事。因為不能公然禁售，所以審查都在事先進行，被卡下來的計劃也有幾個。在美蘇關係惡化之後，比如《為了新型道路》一套十二卷的計劃，還有《野呂榮太郎全集》等就被擱淺了。

司令部在審查時，一律不准有空格。比如志賀直哉的小說中有「〇〇番地」這種字樣，那不是空格，而是不必寫進數字。但司令部卻認為是空格，命令必須填上什麼。這種滑稽的事經常會發生。

司令部或美軍，他們雖然事理不通和傲慢無禮，卻暢行無阻。每逢見到日本人卑躬屈膝的樣子，我都會怒火中燒。我因為是用紙分配委員會的，常常會看到在首相官邸內，美軍的將官與大臣們見面的情景。大臣們即使在下級軍官面前也卑賤地點頭哈腰，真是可悲可憐！我想即使是在美國人面前，主張那些該主張的，他們也是會接受的。

司令部內設有秘密情報局，擔任次長的波爾．列什中佐是一位親日派。聽說列什戰前曾在立教大學執過教，戰後很快就到了日本。在戰爭尚未結束之時，他就向戰後著眼，在教育下一代的機構中工作。

列什的秘密事務所，設在老街上被燒剩一間的澤田邸裏。

昭和二十（一九四五）年年底，我從信州返回東京時，他已經在活躍地開展工作了。聽說三木清死在獄中時，他為調查此事，曾來過岩波書店，也一直為能在四十八小時後撤消治安維持法而自豪。列什的手下有個叫麻野幹男的好青年，他畢業於京都大學的經濟系，是青山秀夫、久野牧的弟子。

列什通過麻野而與岩波書店相熟，並一直對書店給予了關心和支持。在築地西本願寺舉行的岩波茂雄的葬禮上，穿著軍服的他在人群裏很是顯眼。

我是在什麼時候與列什結識的，已經記不起來了，但不久我們就成了很親密的關係。列什的家在澤田邸，與事務所同在一起。門口有拿著手槍的 MP 站崗，嚴格地檢查著來人。

據說他的幾個孩子也住在裏邊，這個地方不容日本人靠近。

不知何故，我卻常被叫去那裏。大多是喝酒閒聊一番就回來，但有時也會有很要緊的事，比方說關於鳩山一郎的放逐事件。

前邊所寫的關於向吉田茂解決字典用紙一事，有一天我被列什叫了過去。他的表情與以往不同，顯得很深沉，問我說有什麼為難事嗎？我回答說沒有，他默不吱聲地拿出一些材料，是關於字典紙的。還不等我講完事情的原委，他就將材料扔進了火爐裏，並說這下就沒問題了。

日本人和司令部中也有對岩波書店心懷敵意的。列什說只要有自己在，就不會發生對書店不利之事，讓我有事隨時告訴他。

列什將原田熊雄的遺作《西園寺公與政局》譯成了英文，並向市之谷戰犯法庭提出過作為證據。

列什總想能為日本做些什麼，最後他將目光投向八岳山腳下的清里，說是要著手開發這塊土地。列什在對我說這些時，我笑著說，那麼荒涼的地方怎能耕種？他說日本現在正面臨糧食短缺，棄耕的土地要利用起來。他說會帶來美國的農機和肥料，教給日本人新的耕作方式。

列什離開司令部時，舉辦了告別宴會。以首相吉田茂為首的許多政治家都出席了。列什將我介紹給吉田時，我假裝不認識，吉田看到我卻說：「啊，你也來了！」這下才露了底。由此也可看出，日本的政治家對司令部是很在意的。

49

昭和二十三（一九四八）年年底決定要創辦的電影事業，到了第二年正一步一步地準備起來。

《岩波寫真文庫》的工作，名取洋之助給了很大的幫助。他戰後從上海回到日本，住院療養了一段時間後又創辦了攝影周刊，但無果而終。

在岩波書店成為株式會社的一年之後，昭和二十五（一九五〇）年五月一日，株式會社岩波映畫製作所成立了。資本金七百萬日元，由我任專務董事，吉野馨治任常務董事，岩波雄二郎任董事，曾志崎誠二任監查，不久小口禎三也成為董事會成員。

在要考慮給公司確定名稱的時候，我想一個勢單力薄的公司，要在困難重重的電影界幹出點名堂，絕非一件易事。不是只要努力幹就會有好結果的。

這時，我想到使用岩波這一招牌，目的是利用書店的名聲和信用。戰後，岩波茂雄也曾想過進軍廣播事業，如果他仍活著的話，也一定會同意這樣做的。

但是，我下了決心，絕不會在經濟方面接受岩波書店的資助，不會給書店添任何麻煩。如果出現有任何玷污岩波書店之處，我會主動解散公司。電影公司的人們也都贊同。

我把岩波書店的幹部們召集起來，談了電影公司的事情，當説到「岩波映畫製作所」這一名稱時，我注意到有的幹部臉色變了。

我覺得也應該對岩波書店的工會方面説明情況。讓我頗感意外的是，工會委員們的意見很多。我向他們説明了這件事與岩波書店無關，他們雖然顧慮著我的情緒，但仍然發了不少牢騷。我反問説：「你們認為此事毫無意義嗎？難不成認為會對社會造成危害嗎？如果認為是有意義的，那就趕快贊成好了，要知道你們根本沒有反對的權利，即使反對我也會照舊進行。」

事後我才知道，工會中有的人在説，小林勇可能要將主力投向電影公司方面去。

最令人氣憤的是，有人甚至説，小林是在為自己留退路云云。説這話的人比我還年輕得多，我從內心鄙視這種人。

因為有這些背景，所以岩波映畫製作所沒設社長。

電影事業是一項既花錢，又無穩定收益的行當。儘管稱作「科學電影」或「文化電影」，實則沒有固定內容。即使有些從戰前就對「文化電影」感興趣的人，但他們對這個行業為何就是興旺不起來，也解釋不清楚。

電影行業與出版相較，更加複雜，麻煩事也更多，在此我不想一一指出。我想電影在今後雖然不會消亡，但恐怕要走一條充滿荊棘的路吧。

拍攝電影要花錢，拍出來的電影如果沒有人看，則要虧本。大的電影公司，都有自己的放映廳。沒有自己場地的獨立製片人，好不容易拍成電影也無法放映。如果依賴大型電影公司，就要接受苛刻的條件。特別是小製片廠要拍電視連續劇的話，那就更困難了。

我們公司拍攝的片目，主打為「科學電影」。但是我也清楚，如果由自己獨立去拍這些內容，恐怕馬上就會掉進泥沼。

在電影業界，向「科學電影」、「文化電影」傾注熱情的高雅之人，為數不少。但這些人沒有經濟實力，只是一群志同道合的人聚集在一起，運營狀況當然是半死不活的。

我還必須要向書店方面投入精力，電影方面的事就交給吉野、小口他們打理。我為他們定出了一條不得超越的紅線。

因為拍攝高雅作品的難度很大，就挑一些能拉到贊助商的內容拍。贊助商因為有宣傳的目的，往往會只考慮廣告。但如果完全聽任他們擺佈，作品內容就會變得低俗，所以事前要協商好有關原則。

要拍出好片子就要花錢，要有錢還不能受贊助商的擺佈。這樣的條件，在有些人看來是不能達成的，但我卻不這麼認為。我鼓勵大家，拍攝每份膠片，都要盡可能的節省經費，少花錢多辦事。

我認為電影就是做記錄。我主張改掉「文化電影」這種曖昧的稱謂，通稱為「記錄電影」。我簡直像著迷似的開始了電影的工作。沒有經驗，更沒有成功的把握。我常對人説，就上那個山吧，上那個山是有意義的，大致有眉目就要出發！如果光設想途中的困難，只是在評估的話，是登不了山的。途中有河就度過去，有山崖就攀登，這種努力和智慧，才是真正的意義所在。

想過河去對岸，就必須游泳。如果任憑激流衝擊，那就等同於僵屍。如果集體中只有一具僵屍存在尚能維持，可怕的是全個集團都成了僵屍。

這僅是我的一家之言，但實際上自從涉足電影這個行當以來，我多次想到，一個了不起的事業開始了！

關於電影，留給我的回憶還有很多，在此我僅把創辦之初的一些事情記述下來。

當時我身體結實、能幹事，也能喝酒。晚上工作到七、八點鐘，再去喝酒，然後到很晚才回到鐮倉的家中。

趕到東京車站，聽到電車已經發車時，就坐到月台的椅子上等下班車。這時喝醉的腦海裏會湧出各種想法，有時會哭起來。不知為何而悲，只覺得十分孤獨。

在公司裏，有時工作告一段落後，我會拿起酒杯，同時也會拿起畫筆。

從昭和十七（一九四二）年我開始學繪畫，算起來已經有十年。可以說我畫得很投入，但平時因工作太忙，只能在休息時畫畫。

星期六如果喝過頭，就會影響第二天畫畫，所以我總是很注意節制。

繪畫，成為我生命中很重要的一部分。成為看自己的一面鏡子。

我的學畫之道，主要是寫生和欣賞好作品。這種老師在我周圍到處都是。

第十一章

新生活

50

我沒有寫日記。大正十二（一九二三）年地震之前的事，雖然每天都有記錄，但都被燒掉了。從那年的九月一日起記錄震災的本子還留了一本。另外，拜訪露伴時的記錄也還有四冊。只有這些。

另外，每年從銀行拿到的小記事本共有二十六本。我一年到頭將其放在口袋裏，到處走動，本子皮已經很破舊了。這裏記錄的大致是日程表。對每天幹了些什麼，見了些什麼人等，雖然沒有詳細記錄，但大致可以看到過去的身影。

最近，我經常按年代翻看這些記錄。並且會感慨，我也曾如此地忙過啊！

記不清誰說過我是視覺型人。的確如此，在我的記憶裏，發生過的事情，其情景總會清楚地留在腦海裏。也可能記憶這種東西，本來就是如此的，誰都一樣，並不是我獨有。我是一個沒有經過溫習考試的人，恐怕那種死記硬背的記憶力沒有訓練出來吧。

不管怎麼說，從這些本子的記錄中，使我回憶起很多過往的事情，很是懷念。但另一方面，也對過去的時光是如此度過的，而感到有些空虛。

在出版社的工作中，最重要的不用說是編輯。擔任編輯一職，必須知曉各種事情。走出校門即進入編輯部門的人，一開始是無法適應工作的。但如果在其他部門辛勤工作一陣之後，年長了再進入編輯部門，又缺失了那種新鮮刺激的感覺。

如果能盡早學到出版方面的一般知識，在年輕時即開始接手編輯工作，這對一個人的成長來説是幸運的。聽説菊池寛曾説過，編輯人員的最佳年齡段，是三十五歲之前。這僅是看法之一。

我能跟隨岩波茂雄這樣一位優秀的出版人工作，是幸運的。但岩波從未口頭傳授給我任何東西，而是從岩波所幹、所談中去體悟學習，這是作為一個出版人，我唯一的學習方法。我在戰前，除去鐵塔書院的時代之外，大部分時間都在做編輯。到了戰後，我必須將精力投向經營方面。

儘管如此，在那巨變的年代，過去從未品嘗過的出版自由，激勵我產生出新的出版欲望。這種熱情不斷噴湧，推動我向前走。翻閱著這些舊的記事本，又回憶起了那些往事。

出版的工作當然不是一個人能完成的，但如果沒有一種要幹的衝動，也不適合從事這個工作。戰後，岩波書店曾有過各種各樣的出版計劃。以下是我所想出的，或受他人啓發而得出的有關計劃。

科學事典、為了新征程、婦女叢書、鄉村圖書室、少年美術館等。大家都像是比賽似的，對新工作傾注了極大的熱情。

編輯部好比火車頭，這裏不發動，火車也動不了。思考新的出版計劃是一件令人興奮的事，這時如果首當其衝就考慮能否賣得出，是錯誤的。好的內容、有必要的內容，就一定會受讀者的歡迎。

經營必須是健康的，但不能因經營而曲解編輯方針。這是與其他行業的不同之處。

我從年輕時起就喜歡寫東西。但自同人雜誌《創作》因為地震而停刊之後，就很少寫了。昭和十（一九三五）年寺田寅彥去世後，在出版其全集之時，我將在《月報》上發表的文章，彙集成《回憶寺田寅彥》，在昭和十二（一九三七）年九月出版。這是我的第一本書。

在戰後忙亂的歲月裏，我曾在岩波書店的雜誌《圖書》上用匿名發表過散文，也被《文藝春秋》的池島信平相勸，寫過隨筆。

岩波茂雄、露伴相繼去世之後，我也寫過一些回憶文章。

在追憶露伴的時候，我的記錄起了作用，用了大約兩年時間就脱稿了。

昭和三十（一九五五）年十二月，我把隨筆彙集起來，取名《遠遠的腳步聲》，由文藝春秋社出版。翌年三月，岩波書店又出版了《蝸牛庵訪問記——露伴先生的晚年》。並且在同一年，《遠遠的腳步聲》獲日本隨筆作家協會獎。

在《遠遠的腳步聲》出版之際，我想委託安井曾太郎為書本裝幀。將這個想法向負責發行的上林吾郎一說，他很痛快地答應了。

上林拜訪了位於湯河原的安井家。安井家總是由夫人出面接應，大部分情況下是見不到本人的。這一天也是夫人在門口迎接，說明來意後，夫人進了內屋，一會兒又出來請上林進去。

安井很是高興，說小林要出書了嗎？馬上就答應下了裝幀之事。聽說他接過上林帶去的校樣，就一口氣讀了起來。上林為此對我很有意見，說是既然與安井如此相熟，事先竟不告訴一聲。

我與安井是在戰後很快熟悉起來的。我尊重安井的畫，並被他的人品所吸引。

安井在湯河原蓋了畫室時，我曾前去拜訪，交談了有半天時間。與這位萬事沉穩的畫家在一起，我那忙亂的個性也覺得沉靜了許多。

寫完《蝸牛庵訪問記》之後，我準備要盡早把岩波茂雄的追憶錄寫出來。

但是每天被雜務纏身，遲遲沒能動筆。另外，因為已決定了由安倍能成寫岩波的傳記，我對此也有些顧慮。

思來想去，終於在昭和三十（一九五五）年下了決心，要趁自己還能記得住的時候，先寫出來再說。

當時因為我很忙，沒有時間親自執筆寫，就採用了口授的方法。剛開始很不習慣，但《岩波寫真文庫》的說明文章需要趕時間，口授一段後，我才知道是個好辦法。

給我作秘書的淺見以久子學過速記，就用此法做筆記。但我要求不用速記，而用普通文字。

不論如何忙，這件事一直堅持了下來。有時即使僅有五分鐘也做，除了休息日以外每天都做。淺見有時看我有點懶，就默默地走到我面前，將紙攤開，拿起鉛筆催促我。

就這樣在第二年，也就是昭和三十一（一九五六）年三月十七日，岩波茂雄的追憶錄脫稿了。當時，因為安倍能成的《岩波茂雄傳》尚未寫完，我的原稿就放進保險箱裏保存。

51

岩波茂雄的妻子吉，在岩波提出開舊書店時，馬上表示了贊成。在岩波對書店的名稱叫什麼為好，拿不定主意時，是她說不要起些讓人看不懂的名稱，乾脆就叫岩波書店好了。這是我聽吉親口說的。

舊書店剛開張時，吉要照顧店面，又要檢查買進的舊書中有無掉頁和髒污，聽說每天都要檢查到很晚。我進店裏的時候，她雖然和店員們分開，住在別的房子裏，但我們一日三餐都會去她那裏吃飯。

吉性格沉穩，看上去有點難以接近，對我卻非常親切。她不同於埋頭工作，根本不顧家的岩波，把六個孩子撫養得很好。

戰爭中，位於小石川的家被燒毀後，她曾在我們家的附近住過一陣子。

岩波死後，她住在東京的杉並區堀之內。

晚年，她長期因病臥床，終於在昭和三十一（一九五六）年二月十五日去世。那天，我把岩波書店的全體員工召集起來，講了吉對書店來説是何等重要的恩人。因為我知道岩波書店是如何從一個小小的舊書店起步，發展到今天的。瞭解這段歷史的人已經越來越少了。

翻看昭和三十二（一九五七）年的記事本，寫著五月二十日在海裏游泳。鎌倉儘管是一個暖和的地方，但五月的海水還是涼的。從那時起，我在海裏嬉戲的時間多了起來。躺在悄無一人的沙灘上，看著天空，聽著海浪聲，彷彿又回到了少年時光。游到遠海時，又覺得好像世上只有自己一個人似的。

當時，鎌倉的大海仍然很美，人也很少。到了夏天會來很多人，但在初夏或是秋天，海灘的人就少了。我直到十月底，只要有空就會去游。可能與浸泡在冰冷的海水中有關，到了第二年我得了風濕性關節炎。

戰後已經過去了十年。這段期間我莽撞而投入地工作，喝酒很多，也愛玩。這時的我正迎來一個轉折期。公司的工作已經走上軌道，情況穩定且成績不錯。只是我個人發生了一些事情。

在信州務農的二哥正，健康狀況不好。那段時間因為不太常回家，所以對哥哥的情況不太瞭解。

九月二十五日，接到哥哥情況不好的簡短訊息。我有些放心不下，就給在伊那市的書店工作的甥子小林武夫打了電話，一問才知，哥哥當天住進了松本的外科醫院。說是肝臟不好，懷疑是癌症，還發著高燒。聽到這些，我馬上去找日本醫師會的會長武見太郎。對他一說，他說可能是癌，正巧醫生們正在召開理事會，他即叫過來三位討論，然後介紹了三位松本的醫生給我。我在第二天出發去了松本，見到哥哥所住醫院的院長，他對我提問的事情怯怯地答不出來。見到這個情況，我決定第二天將哥哥轉到信州大學附屬醫院，診斷結果是白血病，已很危重。

我又返回東京，在鎌倉的家裏心情沉重地度過了星期天。記事本上寫著：終日下雨，一日在宅，心情沉重。

哥哥在十月一日死去，我趕到松本時哥哥已經嚥氣。他是我們家八個孩子中最早去世的。我喜歡這個哥哥。他正直、熱心腸，可以說是一位生活在農村的很優秀的人。戰爭中，哥哥到東京來，岩波茂雄招待他吃晚飯，席間談了很多有關農村的話題。當時，岩波很欣賞哥哥，說：「你去見見後藤，與他談談吧！」後藤是指擔任農林大臣的後藤文夫。哥哥聽到這裏，臉色變了，飯也不吃了，提前在第二天早上返回信州。

哥哥一生在農村安分地生活，深知農民的酸甜苦辣。在戰爭中期，聽我說到戰爭再有半年就能結束時，他臉上現出一副悲傷、無助的表情，喃喃地說日本的戰後會是什麼樣子呢，我勸慰說肯定會越來越好的。哥哥的逝去，充滿了農村的純樸與美麗。

如何把哥哥去世的消息告訴母親，是我們大家很揪心的。母親已經九十一歲，身體雖無大礙，但日漸衰弱。母親從大家的表情中已經察覺到哥哥狀況的不好，以及去世。告訴他哥哥已死時，她默默走到佛壇前，點著香，靜靜地坐了一會兒。

到了第二年，也就是昭和三十三（一九五八）年的九月，是哥哥的周年忌日，因為提前做法事，我也一起參加了。我二十日出發，途中在伊那市的哥哥忠雄的家裏住了一晚，於二十一日中午到了母親家。看到有輛汽車由我家開了出去，甥子跑出來說：「奶奶情況不好！」原來剛才過去的汽車是醫生，說恐怕只是時間的問題了。我吃驚地跑進家裏，母親躺在裏間的屋子裏，看到我後吃了一驚，然後又無力地朝我笑了一下。

一問才知，從早上就劇烈腹瀉，醫生說是心臟太弱，恐怕撐不了太久了。

我一聽就生氣了，要求再叫其他醫生來，新來的醫生也說是心臟衰弱。他猶豫不決，經我堅持他才同意注射了林格氏液。萬幸的是這一針起了作用，母親又恢復了一段健康。因為在東京尚有事先約定的事情，我就乘當晚夜車返回。但到了第二天，又收到母親病危的通知，我再次乘上夜車。

母親好似又有點好轉，但兩天內已經說不出話來了。家人們都趕來了。東京的妹妹千歲、大姐伊千代、二姐美津江等都來了，三姐妹在母親的房間裏，徹夜守護著。

母親又撐了一段時間。伊那谷的秋意漸濃，我一離開母親的病床就會走到屋外，在家的附近散步，有時走到稍遠一些的光前寺。這是自大正九（一九二〇）年到東京後，第一次長時間在故鄉度過。

二十八日晚上，下了一陣雨。這時母親用微弱的聲音說：「是下雨嗎？」當時我的心裏默念的句子是「死期將至，母親聽到滴雨聲」。

母親在九月三十日上午五點五十二分去世了。

我讓人們從屋裏退出，開始為母親畫像。用了一個半小時完成，我第一次如此仔細地看了母親的面龐，發現了幾處過去不曾看到的地方。

跟著我那愛挑剔的父親，養育了八個子女，我慈祥的母親，走完了她九十二年的人生之路。

52

繪畫已經成了我生活的一部分。有時早上起床後，在出發去東京前的僅有一點時間，也會拿起畫筆，晚上回家很晚也要鋪開宣紙。只要一有空，就會去賣舊書的店裏買畫冊。因為我是無師自通，所以付出的辛勞會更多些，但反而也有新的發現和喜悅。

在戰時，只要看到宣紙我就會買下存放起來，所以不缺紙。

對硯台、墨和筆的興趣也與日俱增，也從別人那些汲取了知識。

戰時只要見面就會一起繪畫的中谷宇吉郎，其熱情也不亞於我。戰後我們很快又見面，《文藝香秋》的池島信平也是我們二人的酒友。

某一次，三人一起喝酒時，聊到辦展覽的話題。中谷很有興趣，已經喝醉了的我也附和著。最後決定由池島做主辦，辦二人畫展。

隨著展期臨近，我變得越來越緊張，中谷卻很是興奮。昭和三十四（一九五九）年四月，在銀座的文春畫廊展出了我們二人的畫作，共計六十幅，池島作為主辦人負責發出了請帖。

當天，熟人朋友共集中了百餘人，大家一起喝酒。來賓均稱讚說，雖是業餘但畫得很不錯。其中有的對我說：「你真是個聰明人啊！」

我不喜歡人們說我聰明或有才氣。對方是好意表揚，我當然不能抱怨，但心裏在想，你知道我下過多少苦功嗎！

既然學畫，就希望能畫好。對我來說，追求「好」比追求「漂亮」來得更重要。因為漂亮的畫世間很多，但好畫卻很少。

沒有比畫和書法更能表露出人的本性的了。卑鄙之人會表現出卑鄙，淺薄之人會表現出淺薄，這就是畫和字的可怕之處。

如果說畫是人品的流露，那麼只有提高自己，沒有他途。所以習畫的過程，就是自身修煉的過程。

心思不定，想些亂七八糟的東西，這些一定會在畫面上有所表露。別人再教技法也是枉然，畫畫人自身如果不注重自身的提高，是不可畫出有品位的作品來的。

如果自己用心畫，那麼自身也會成長。畫會成為鏡子，你會擔心照出自己臉上的不潔。觀察自然的眼光、理解優秀作品的鑒賞力，在自己畫的過程中自然會提高。

在與中谷的二人展之後，我進行了很多反思。

畫不是為了讓別人看而畫的，雖然明白這一道理，但自己的畫作，總希望被自己所尊敬、所信賴的人讚賞。我想藝術本來就有這個屬性，但如果作者本身，懷有自己的作品要讓別人讚賞，要讓別人認可的欲望的話，那麼他也就開始走下坡路了。

在第一次畫展開展之時，因為有一場關於岩波書店的演講會，我出差去了北陸地區。講師是都留重人和中野重治。富山、金澤、福井的活動結束後，要在蘆原溫泉住一晚，我因為有畫展，就提前返回東京了。

那段時間，我幾乎每個月都有一周的時間去參加演講會。工作很繁忙的我，本來不去也是可以的，但我有些東西想向讀者傾訴，主要是關於岩波書店的營業方針方面。對於公司的方針特色，從出版物的內容即可以看出來，但對於營業方面，如果不做説明，讀者是不會瞭解的。

岩波書店於戰後採取買斷制時，在書店同行間曾引起過很大的騷動。以前的出版社全部實行委託制，即新刊發行後，由出版社交給代銷商，然後再交給零售店銷售，賣不出去時再退貨，據説退貨率能到百分之三十五。即使説退貨制是日本出版業不穩定的主因也不為過。

岩波書店的買斷制受到了小型書店的抵制。另外，讀者對不能在舖面上看書，也表示不滿。但我們堅信，我們的方針是正確的，應該堅持下去。我在每次演講開始之前，總要利用一點時間，就這個立場向聽眾作出説明。

另外，不管出版了如何好的書，如果經營不善，也無法實現意圖。我將「不多賺也不虧損」作為我們的目標。如果賺得過多，那相應的就要多付税金，為了多付的税金就要賺更多。與其陷入這個惡性循環，不如採取合理的方法，出既好又便宜的書。我將這個理念講給大家聽，因為即使讀書很多的人，對出版社的經營方面也是不太瞭解的。

我的腿也從那時起疼得越來越厲害了，膝蓋積了水，腫了起來。還不光是疼痛，因為風濕性關節炎是一種全身性疾病，所以會發燒，非常痛苦。

每次出門旅行，風濕病總會加重。拖著疼痛的腿，還要拿著比自己年輕的講師的行李，行走在很長的月台上，這時我會生氣，但也沒有因此而停止旅行。

對風濕病的成因，直到現在仍然未搞清楚，也沒有根治的辦法。

明知道喝酒對病不好，但仍然在喝，最後嚴重到幾乎不能動的程度，我曾多次想到，自己可能要倒在這個病上了！

那段時間是我最痛苦的時期。公司的工作雖然尚算穩定，但事業這種東西，稍有不慎就會出問題。必須要隨時保持緊張狀態，但身體又不容許我這樣做，疲憊感越來越明顯。

即使在這樣的情況下，對繪畫的熱情也絲毫不減。中谷當時的健康狀況不好，但說要再次辦畫展，又去找了池島。這樣於昭和三十六（一九六一）年的三月，在銀座文春畫廊舉辦了第二次二人展。跟第一次辦展時同樣，本次畫展的展品也是全部銷售一空。

中谷因癌症而去世，是在昭和三十七（一九六二）年四月十一日。我與中谷從大正初年相識，在昭和十（一九三五）年寅彥去世之後，我們又都得了肝吸蟲病，兩人的關係更親密了。

像中谷那樣，能將學問實際應用的練達之人，實屬少見。他所進行過的研究，除了將雪的結晶用人工製造之外，還有很多。

他寫了很多隨筆。在寅彥去世之後，他成為科學家中首屈一指的隨筆作家，辛勤地勞作。

他是我無以取代的朋友。

在當時我想到，作為出版者，是不是已經到了該退出一線的時候了呢？這一想法，從兩、三年前就經常出現在我的腦海裏。

53

我雖然知道，自己應該明白自己力量的限度，從而作出妥當的處理，儘管如此，卻仍是邁不出這一步。實際情況也是，整日忙碌，問題一個接一個，好像離不開自己。我帶著這種心情繼續工作著。

另外，風濕病也使我的身體狀況大不如前，每次病情惡化，我都不得不休息。這時我會反省很多，想到自己的缺點和性格，心裏很是難過。

到了公司裏，對其他人幹的事不合心意，又會訓斥。對有些看來沒有半點責任感的人，很是惱火，接著又會為自己的心胸狹窄而羞愧。自己的私生活也不夠檢點，不注重學習，只是生活在一群優秀的人中間，道聽途説地得到了一些知識，對自己的淺薄十分厭惡。

岩波雄二郎是社長，我是專務，但反而是專務更霸道，什麼事都是以我的意見為準，公司內部和外部的人們也總是以我為中心來對待。我儘管也反思過，但結果還是照舊。我逐漸強烈地感到，這樣下去是不行的。

產生這些想法後，我開始討厭自己的作為。我下決心要辭掉專務的職務，以便能盡早讓年輕人負起責任，長成以社長為中心的運營體制。

到了昭和三十七（一九六二）年，我終於在大家的贊同下轉任會長。公司內有的職員對我的離去感到不安。我不準備馬上離開，仍然與往常一樣上班，慢慢地調整變化。我總是告誡自己說，不要以為自己不在公司就會陷入困境，這是自戀意識。

這一年的六月十八日，大姐伊千代去世了。她一生操勞，但從無怨言，我喜歡大姐的這種風格。這樣一來，我們姐弟八人已缺了兩個。

到了夏天，我休了第一個假期，去了一趟北輕井澤。這個地方比輕井澤還要高，是個一千一百米的高原。這裏被稱作大學村，是以法政大學的大學老師為中心建造的避暑地。因為有計劃地打造成清潔的村落，想必會是一個比其他地方更舒服的避暑勝地。已經有接近五十年的歷史，沒有商店也沒有娛樂場所，簡樸的別墅隱藏在林木之間。

這個地方比較乾燥，所以適合患風濕病的我。我在這裏待了一個多月。

昭和三十一（一九五六）年脫稿並存放在保險箱內的寫岩波茂雄的書，我將原稿帶來了北輕井澤。北輕井澤的山莊，是岩波茂雄所建，雖然因年久而有些破舊，但在岩波所喜歡的地方，最後完成岩波的傳記，是最合適不過了。

我對七百五十頁的原稿，分兩次聚精會神地進行了潤色定稿。因為安倍能成的《岩波茂雄傳》已經在三年前出版，我想我的作品也到了該面世的時候了。

這本《惜櫟莊的主人——岩波茂雄傳》，於昭和三十八（一九六三）年三月由岩波書店出版。

這一年也是我的花甲之年。也沒有什麼感慨，當然也沒有進行祝賀。只是在公司舉行忘年會的時候，冷不防大家贈送了我一個可愛的紅色坎肩。

女兒美沙子結婚了。

岩波書店創立五十周年的慶祝會在十一月舉行。

據説人不論活多久，也是在二十五歲之前的時間覺得最長。有句詩句叫做「日長如小年」，我最近也常常有這種感覺。這本書寫年輕時的篇幅多，也是這個原因吧！

翻閱手頭有的記事本，再沒有能引起心情激動或印象深刻的事。所以這份書稿也應盡快收筆了吧！

昭和三十九（一九六四）年三月二十九日，哥哥忠雄在伊那市去世。幾年前，他患上了柏金遜病，每天都受病痛折磨。最近聽説治療這個病的技術有了進步，但當時卻沒有根治的方法。

哥哥作為一名教育工作者，是一個很優秀的人。他從師範畢業之後，一生奉獻給教育事業，更重要的是他的人格魅力。

雖然哥哥是反戰的，但基於自己所處的位置，只能力所能及地發揮作用。他一生愛酒，留下了許多逸事。他擔任過小學校長、上伊那教育會長等等，離任後又當上了長野縣教育委員。

在哥哥任內發生過「教員考勤問題」，他就此向《朝日新聞》的「論壇」專欄上投過稿。《朝日新聞》於昭和三十（一九五五）年十二月十三日刊登的《無理的教員考勤——教育的尊嚴應充分評價》即是哥哥的文章。我認為這篇論文寫得很好，如果說哥哥的一生，都被文章中所表現的精神所貫穿，也不為過。從我年輕時候就從多方面影響我的哥哥離去了。

昭和四十七（一九七二）年十二月十二日，長兄憲雄去世了。

我的兩個孩子也都有了自己的家庭，並各育有兩子。

我隔一年舉辦一次畫展，至今已經辦了八次。畫作我自稱為「文人畫」。像我這種學養貧乏之人，將作品叫文人畫，雖然有些僭越，但心境是如此的，想必人們會理解。況且我今後將專心學習，相信這個稱號會成為名副其實的。

畫上要有題詞。有一次，矢代幸雄對我說，我應該練字了。

當了會長，到了六十歲之時我開始練字。首先從顏真卿的楷書「元結墓碑」開始練起，這個拓本是露伴送我的。我也練蘇東坡、黃庭堅、米芾、懷素。練字的有趣之處雖然不同畫畫，但從表露人品這一點來說，字與畫是同樣的。我每天那怕時間再少也堅持練字。

昭和四十一（一九六六）年，岩波映畫拍出了描寫新中國的《黎明之國》一片。這部片子在中國東北進行採訪，是向世界介紹新中國的唯一影片。

自就任會長以來，我就逐漸脱手公司的事務。

幾年前，因為眼睛不好，找醫生診斷，説是眼壓高，如果再發展下去會成為綠內障，有失明的危險，之後就開始接受了治療。眼疾帶來的境況也是凄慘的，不能喝酒，生活要有規律。我又回憶起大正十三（一九二四）年，住在伊豆山的租賃房子裏，在黑暗中感受到的恐怖。通過患風濕和眼疾，使我更加體會到了養生的重要。

昭和四十七（一九七二）年五月，我從岩波書店退休，結束了漫長的書店生活，同時也離開了岩波映畫。有人説一離開公司，就會使人感到無所事事。我卻不這麼認為，從離職的那天起，即是我新生活的開始。為將人生的收尾做得更完滿，我每天都覺得時間不夠用。

後記

這本書自一九七四年一月開始寫，每個星期日在《信濃每日新聞》連載，共五十三期。剛開始報社的人來找我說：「你長期從事出版業，就寫寫你所接觸過的人和事吧！」這方面的文章以前我已經寫了很多，又沒有新增添的內容，就猶豫了要不要再寫。

但是，《信濃每日新聞》是我從少年時期就每天讀的報紙，在上面連載一年還是很有吸引力的，考慮再三，我決定寫成隨筆形式的自傳。

迄今為至，我在寫文章時，總是著意避開寫自己。這本書是自傳，是寫自己的，但寫自己就必然涉及到自己和他人的關係，有許多人就要在書中登場。回頭讀起來感到，與以往的文章不同的是，少少有些主觀的東西在裏頭。

寫自己是件不容易的事，甚至會感到難為情。寫完後心裏又充滿了空寂，一點兒也高興不起來。

我把過往的事情如實地作了敘述。書中有可能會有我想錯或記錯的地方，但絕無有意的謊言。我希望盡量原汁原味地表述，但有些地方還是沒能做到。

在報紙上登一次的版面，需要稿紙七頁，這需要將每次的內容很好地歸納。所以在通讀時，有可能有的地方會覺得囉嗦。原稿的每期，篇幅長短都是一樣的，本書有的篇幅稍長一點兒的，是後邊又加進了內容。

對我在過往的書中已經寫過的事情，在本書中盡量採取了避開或簡單化，過去的幾冊書是為補充。如果將我過去曾寫過的內容加以分解，插入本書中有關的章節，即可較為詳細地看到我這個人的形象吧。對於與我關係很深的人，像岩波茂雄、露伴等，因為對他們的情況已單獨成書，本文中就盡量簡潔地作了描述。

寫完此書，我想忘卻過去！

一九七五年二月二十三日

於鎌倉　冬青庵

略年譜

★本年譜由小林勇的長子小林堯彥、長女小松美沙子編寫，並配合本書內容作適量簡化。原收錄於《蝸牛庵訪問記》（講談社文藝文庫）。

一九〇三年 出生——三月二十七日，出生於長野縣上伊那郡赤穗村（即現今的駒根市）的農民家庭，為五男三女中的五男。

一九〇九年 六歲——入讀赤穗尋常小學。

一九一五年 十二歲——入讀赤穗高等小學。

一九一七年 十四歲——入讀赤穗公民實業學校商業部。

一九一八年 十五歲——從赤穗公民實業學校畢業，在家從事農務。

一九二〇年 十七歲——四月，前往東京，成為岩波書店的寄宿店員。

一九二二年 十九歲——四月，與四男忠雄及其友人一起創立同人雜誌《創作》。

一九二三年 二十歲——四月，接受徵兵檢查，以節食的方法逃避兵役，成功獲得第二乙種判定。九月，發生關東大地震，《創作》因而停刊。

一九二四年 二十一歲 — 當上岩波書店的營業主任。

一九二五年 二十二歲 — 二月，從營業部被調往出版部。

一九二六年 二十三歲 — 結識了幸田露伴、齋藤茂吉、寺田寅彥等名家。成為岩波書店唯一的編輯部員。

一九二七年 二十四歲 — 七月，《岩波文庫》創刊。

一九二八年 二十五歲 — 三月，岩波書店發生罷工。八月，離開岩波書店。十月，得三木清、羽仁五郎的協助，成立新興科學社，創立雜誌《在新科學的旗幟下》（至一九二九年十二月停刊）。

一九二九年 二十六歲 — 四月，創立鐵塔書院，五年間共出版約一百八十本書。

一九三二年 二十九歲 — 九月，與岩波茂雄的次女小百合結婚。十月，創立雜誌《鐵塔》（至一九三三年十月停刊）。

一九三三年 三十歲 — 五月，《鐵塔科學叢書》創刊。

一九三四年 三十一歲 — 十一月，受幸田露伴、寺田寅彥、小泉信三相勸，回歸岩波書店。

略年譜

一九三五年 三十二歲 — 五月，長子堯彥誕生。十二月三十一日，寺田寅彥逝世。

一九三七年 三十四歲 — 六月，長女美沙子誕生。九月，出版《回憶寺田寅彥》（岩波書店）。

一九三八年 三十五歲 — 患上肝吸蟲病。十一月，《岩波新書》創刊。

一九四一年 三十八歲 — 秋天，岩波茂雄於熱海興建別墅（惜櫟莊）。十二月，搬進由岩波茂雄為其於鎌倉扇谷興建的家，是為終生住所。《為少國民》叢書創刊。

一九四二年 三十九歲 — 七月，幸田露伴到位於鎌倉的小林家暫住，把離屋命名為「冬青庵」，小林亦因此以「冬青」為雅號。八月，開始習畫。十一月三日，岩波書店舉辦「三十年回顧感謝晚餐會」。

一九四三年 四十歲 — 與「一路居士」馬場一郎等畫畫朋友的關係密切起來，每年正月都會聚集到小林家。

一九四四年 四十一歲 — 八月，在名取洋之助的推薦下前往中國旅行，分別於中國東北、北京、上海停留，十二月回國。

一九四五年 四十二歲 — 三月，把妻兒疏散到位於信州家鄉的姐姐家。五月九日，因違反治安維持法的嫌疑被扣留到東神奈川警署，一直遭盤問、拷打，直至八月二十九日獲釋。九月三日，岩波茂雄的長子雄一郎病死於小林家。十日，岩波茂雄腦出血病發。二十日，前往妻兒所在的疏散地。

二十六日，三木清死於獄中。

一九四六年 四十三歲 — 一月，復歸岩波書店的工作。四月二十五日，岩波茂雄病死於惜櫟莊。為填補岩波的空缺，成為放送委員會的委員。十一月，當選用紙分配委員會出版部會的議長，任期兩年。

一九四七年 四十四歲 — 七月三十日，幸田露伴逝世。

一九四九年 四十六歲 — 年初，成立岩波映畫製作所的前身「中谷研究室」。四月，岩波書店改組成股份公司，小林擔任專務。

一九五〇年 四十七歲 — 五月，成立岩波映畫製作所。六月，由岩波書店與岩波映畫製作所共同製作的《岩波寫真文庫》創刊。

略年譜

一九五三年 五十歲——二月二十五日，齋藤茂吉逝世。三月，《岩波寫真文庫》獲得第一屆菊池寬獎。

一九五五年 五十二歲——十二月，出版《遠遠的腳步聲》（文藝春秋）。從這時開始，書寫痙攣症的症狀變得明顯起來。

一九五六年 五十三歲——三月，出版《蝸牛庵訪問記——露伴先生的晚年》（岩波書店）。岩波茂雄的傳記完稿。六月，《遠遠的腳步聲》獲第四屆日本隨筆作家協會獎。

一九五八年 五十五歲——三月，患上風濕性關節炎。

一九五九年 五十六歲——四月，第一屆「中谷宇吉郎．小林勇畫展」於文春畫廊開幕，此後幾乎每年舉行一次個展，直至死前共十三次。

一九六〇年 五十七歲——四月，出版《小閑》（東京創元社）。

一九六一年 五十八歲——從元旦起開始習字。九月，出版《雨天》（文藝春秋）。

一九六二年 五十九歲——二月，就任岩波書店會長。四月，中谷宇吉郎逝世。

一九六三年 六十歲 三月，出版《惜櫟莊的主人——岩波茂雄傳》（岩波書店）。

一九六五年 六十二歲 九月，出版《竹影》（筑摩書房）。

一九六八年 六十五歲 二月，出版《彼岸花》（文藝春秋）。

一九六九年 六十六歲 六月，出版《冬青小林勇畫集》（中央公論美術出版）。

一九七一年 六十八歲 三月，出版《山中獨膳》（文藝春秋）。九月，出版《隱者之焰》（文藝春秋）。

一九七二年 六十九歲 五月，從岩波書店、岩波映畫製作所退休。八月，出版《隨筆——書畫一如》（求龍堂）。

一九七三年 七十歲 六月，出版《人是孤獨》（文藝春秋）。

一九七四年 七十一歲 從一月起於《信儂每日新聞》連載「一本の道」。十月，出版《夕陽》（文藝春秋）。

一九七五年 七十二歲 三月，妻子小百合逝世。六月，出版《一本の道》（岩波書店）。

一九七六年 七十三歲——二月，風濕與痛風併發，入住鎌倉道躰外科醫院。此後，右手行動日益不便，越來越多以左手書寫。

一九七七年 七十四歲——一月，出版《冬青庵樂事》（新潮社）。

一九七八年 七十五歲——五月，出版《走近庖廚》（中央公論社）。

一九八〇年 七十七歲——五月，出版《紅色背包》（新潮社）。十一月，入住築地國立癌症中心醫院。十二月，一度回家，再入住道躰外科醫院。

一九八一年 七十八歲——一月，出院後狀態一度回復，可執畫筆。十月十二日，入住相模原市北里大學醫院。十一月六日出院，在一段短暫的小康期後，二十日因急性心臟衰竭逝世。

納豆｜一九八〇年｜23.0 × 34.0cm

帶嘴碗 | 一九六五年 | 34.5 × 47.0cm

青花水鉢｜一九七三年｜81.0 × 69.0cm

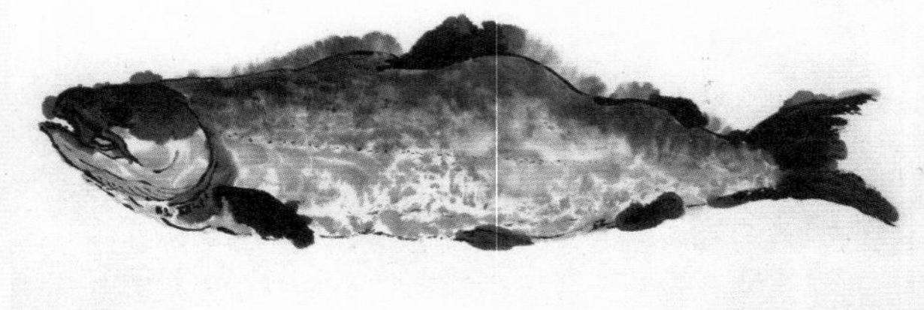

一九五三年夏八月吉右衛門は札幌で芝居をし、半を過ぎた頃飛行機でかへつて來た。その二三日後に元氣な顔で岩波書店へ現れ土産に大きな紅鮭と昆布を呉れた。飛行機に乘つてからは眠つてばかりゐたから恐くも何ともなかつたと云つた。鮭は食べてうまかつたが、その形と色を哀惜し日曜ごとに寫した。そして最後に殘つた頭は三平汁にして食べた。けふは一月の最後の日曜日で、この間の大雪が殘つてゐて、それに陽が輝き、

會へはしきりに老いと病ひと
語るのが氣にかかる。
吉右衛門よ 命永かれ
一九五四年一月盡日 於冬青庵

吉右衛門的鮭魚（畫卷）︱一九五三年︱34.0 × 540.0cm

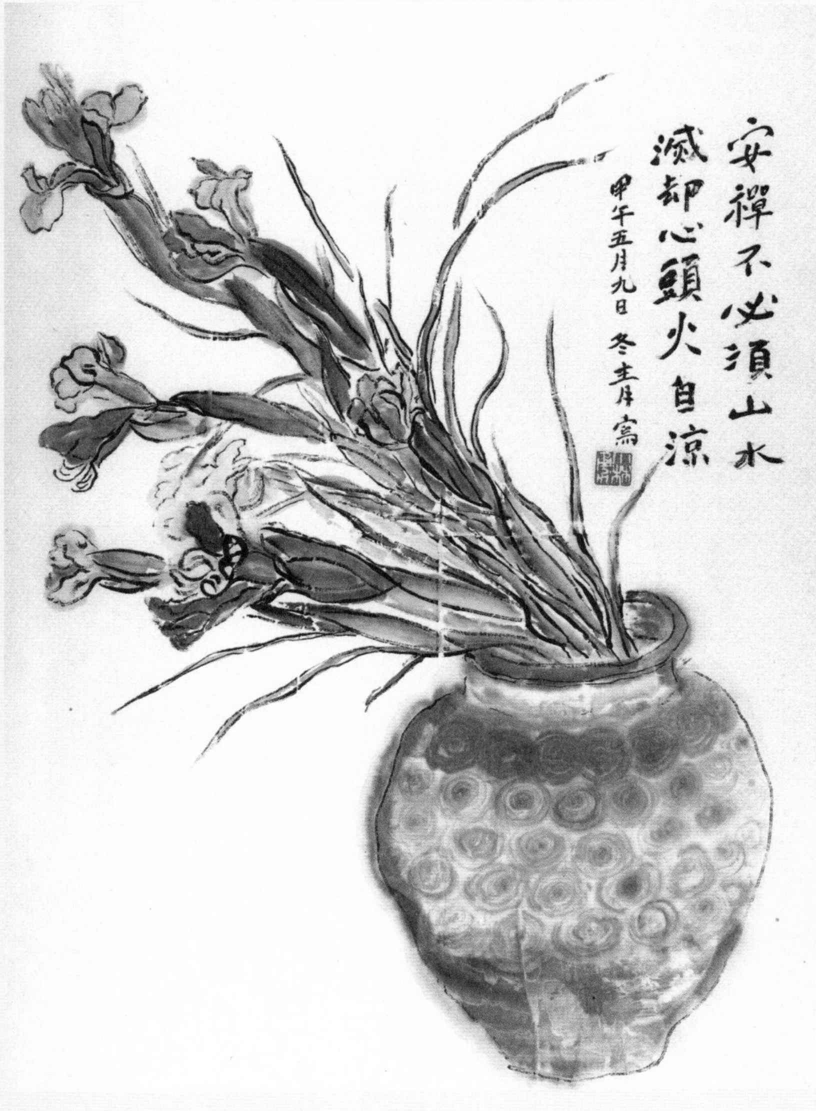

鳶尾花與壺 | 一九五四年 | 67.5 × 54.0cm

蟹・會寧之缽｜一九八〇年｜53.0 × 57.5cm

紅色的牡丹（絕筆）︱一九八一年︱43.0 × 31.0cm

責任編輯　寧礎鋒
書籍設計　李嘉敏

書　　名　一本の道
著　　者　小林勇
譯　　者　張偉齡、袁勇
出　　版　三聯書店（香港）有限公司
香港北角英皇道四九九號北角工業大廈二十樓
Joint Publishing (H.K.) Co., Ltd.
20/F., North Point Industrial Building,
499 King's Road, North Point, Hong Kong
香港發行　香港聯合書刊物流有限公司
香港新界大埔汀麗路三十六號三字樓
印　　刷　中華商務彩色印刷有限公司
香港新界大埔汀麗路三十六號十四字樓
版　　次　二零一四年九月香港第一版第一次印刷
規　　格　大三十二開（140mm × 200mm）三一二面
國際書號　ISBN 978-962-04-3527-0

IPPON NO MICHI, SHINSO BAN
by Isamu Kobayashi

First edition published 1975. New edition 2012
Originally published 2012 by Iwanami Shoten, Publishers, Tokyo
This complex Chinese edition published 2014
by Joint Publishing (Hong Kong) Company Limited, Hong Kong
by arrangement with the proprietor c/o Iwanami Shoten, Publishers, Tokyo